Roland Geisselhart
Oliver Geisselhart

Best of Geisselhart

Roland Geisselhart / Oliver Geisselhart

Best of Geisselhart

Die erfolgreichste Strategie des Gedächtnistrainings

orell füssli Verlag

3. Auflage 2015

© 2013 Orell Füssli Verlag AG, Zürich
www.ofv.ch
Alle Rechte vorbehalten

Dieses Werk ist urheberrechtlich geschützt. Dadurch begründete Rechte, insbesondere der Übersetzung, des Nachdrucks, des Vortrags, der Entnahme von Abbildungen und Tabellen, der Funksendung, der Mikroverfilmung oder der Vervielfältigung auf andern Wegen und der Speicherung in Datenverarbeitungsanlagen, bleiben, auch bei nur auszugsweiser Verwertung, vorbehalten. Vervielfältigungen des Werkes oder von Teilen des Werkes sind auch im Einzelfall nur in den Grenzen der gesetzlichen Bestimmungen des Urheberrechtsgesetzes in der jeweils geltenden Fassung zulässig. Sie sind grundsätzlich vergütungspflichtig.

Lektorat: Thomas Reichert
Umschlaggestaltung und Motiv: Hauptmann & Kompanie Werbeagentur, Zürich
Druck und Bindung: CPI books GmbH, Leck

ISBN 978-3-280-05488-8

Die Deutsche Nationalbibliothek verzeichnet diese Publikation in der Deutschen Nationalbibliografie; detaillierte bibliografische Daten sind im Internet über http://dnb.d-nb.de abrufbar.

Inhaltsverzeichnis

Zu diesem Buch   9

Roland Geisselhart: Wie ich zum Gedächtnistraining kam   13

Oliver Geisselhart: … und so kam ich zum Gedächtnistraining   21

1. **Die Stufen zum perfekten Gedächtnis**
   Ein Überblick über die Gedächtnisleistungen,
   zu denen Sie im Laufe des Übens fähig werden.   25

2. **Die Kunst der Assoziation**
   Assoziation, Ersatzprinzip und Prinzip der Übertreibung
   als Hilfsmittel für Lernen und Gedächtnis   29

3. **Die TV-Sendung »Am laufenden Band« als Bilderkette**
   Wie Sie in Ihrer Vorstellung Bilder von Gegenständen
   miteinander verknüpfen und im Gedächtnis
   »Bilderketten« speichern   55

4. **Länder und Städte**
   Wie Sie Länder- und Städtenamen zu Bildern umwandeln
   und durch Bildverknüpfung lernen   59

5. **Ihr Ordnungssystem fürs Gehirn: die Zahlensymbole der
   Geisselhart-Methode**
   So merken Sie sich durch Zahlensymbole Listen
   aller Art   65

6. **Die Zahlensymbole von 11 bis 20**   77

7. **Aus Zahlen werden Geschichten**
   So behalten Sie schnell und sicher Termine, PINs und
   Telefonnummern   79

   Erfahrungsbericht von Lothar Kerpe:
   »Schaltpläne im Kopf«   85

8. **Die Power der Memo-Rhetorik**
   Wie Sie mithilfe der Zahlensymbole freie Reden halten
   und Präsentationen erstellen   91

9. **Wozu braucht ein Verkäufer ein Power-Gedächtnis?**
   Vom Nutzen des Gedächtnistrainings im Verkauf   103

10. **Zahlensymbole und Produktvorteile**
    So merken Sie sich, welche Vorteile Produkte für Ihre
    Kunden haben   107

11. **Gedächtnistraining – ein Kinderspiel**
    Kreativitätsspiele zur Verbesserung der Assoziations-
    fähigkeit – und wie Sie sich durch Assoziationen und
    Bildverknüpfungen Dinge im Alltag merken   117

12. **Lernen ohne Mühe – das Grundgesetz**
    Wie Sie die Artikel des Grundgesetzes mithilfe der
    Zahlensymbole im Gedächtnis speichern können   123

13. **So merken Sie sich Namen und Gesichter**
    Wie Sie die Eigenschaften von Personen in Bilder
    verwandeln und mit den Namen verknüpfen   127

14. **Cocktailparty**
    Wie Sie Namensbilder schaffen, mit Personennamen zu
    verknüpfen und sich so an die Namen von Partygästen
    erinnern 135

15. **Eine weitere Übung – Nachrichten abspeichern**
    Wie Sie Listen und Abfolgen von Ereignissen schnell
    abspeichern können 141

16. **Konzentration**
    Übungen zum Visualisieren – sich mit allen Sinnen
    konzentrieren 145

17. **Zwanzig Englischvokabeln in fünf Minuten**
    Wie Sie in Ihrem Kopfkino Englischvokabeln mit ihren
    Bedeutungen verknüpfen und so lernen 151

18. **Vokabellernen leicht gemacht – die wichtigsten Tipps auf einen Blick**
    Wie Sie erst die Vokabel, dann ihre Bedeutung
    »verbildern« und dann beides verknüpfen 161

19. **Zwanzig Spanischvokabeln in fünf Minuten**
    Wie Sie mit der Geisselhart-Technik Spanisch-
    Vokabeln lernen 169

20. **Zwanzig Italienischvokabeln in fünf Minuten**
    Und so lernen Sie mit der Geisselhart-Technik
    Italienisch-Vokabeln 175

21. **Was ist ein Barograf?**
    So lernen Sie Fremdwörter und Fachbegriffe schnell
    und effizient 183

Erfahrungsbericht von Marco Sacher: Prüfungen mit der
Geisselhart-Methode meistern 187

22. Die Oberstufe – der 100er-Schlüssel
Die Zahlensymbole bis 100 197

23. Die hohe Schule – abstrakte Formeln
So merken Sie sich chemische Formeln und das
Periodensystem der Elemente 211

24. Geistig fit ins hohe Alter
So beugen Sie effektiv geistigem Verfall vor 221

25. Lernfutter
So unterstützen Sie das Lernen durch richtige Ernährung 223

26. Die Methode in den Alltag integrieren
Wie Sie sich die Methode durch Lernkalender, Übungen
für jeden Tag und Hausaufgaben perfekt aneignen 225

**Schlusswort: Vom Gedächtnisbesitzer zum
Gedächtnisbenutzer** 247

Anhang 249

Zu diesem Buch

Liebe Leserinnen, liebe Leser,

Sie halten hier das Konzentrat der Bücher von Roland Geisselhart und Oliver Geisselhart in Händen, erweitert um die Beschreibung, wie wir beide zum Gedächtnistraining kamen, das neu erstellte Kapitel 1 über die »Stufen zum perfekten Gedächtnis« sowie um die Erfahrungsberichte zweier Seminarteilnehmer. Es enthält die, unserer Ansicht nach, besten Kapitel aus allen Büchern. Ein echtes »Best of« also! Die hierin präsentierte Geisselhart-Technik des Gedächtnistrainings wird von Experten auf diesem Gebiet und von Neurowissenschaftlern als die am meisten praxisorientierte Gedächtnistechnik überhaupt bezeichnet. Bei Anwendung der Technik sind Sie in der Lage, sich alles, wirklich alles, was Sie sich merken möchten, schnell, sicher, dauerhaft und noch mit Spaß zu merken. Und dies unabhängig vom Alter. Egal, ob acht Jahre oder 108 Jahre alt – die Technik funktioniert bei jedem geistig normalgesunden Menschen.

Das Buch ist vom Schwierigkeitsgrad her so aufgebaut, dass es mit einfachen Übungen und Techniken beginnt. Diese steigern sich bis hin zur hohen Kunst des Gedächtnistrainings. Sie sollten es also am besten von Anfang bis Ende nicht nur durchlesen, sondern wirklich durcharbeiten. Dann ist Ihr Erfolg wirklich gesichert und der Weg ist frei für Ihren persönlichen Gedächtniserfolg. Mit der im Buch vorgestellten Geisselhart-Technik wandeln Sie sich garantiert, vom Gedächtnisbesitzer zum Gedächtnisbenutzer. Sollten Sie Kinder haben, so bringen Sie ihnen diese Technik unbedingt bei. Diese Gedächtnistechnik ist eine unglaublich große Hilfe beim Lernen jeglichen Stoffs. In der Schule hilft diese Technik ungemein. Wir konnten das in jungen Jahren selbst erfahren. Denn mein Onkel kam, genauso wie ich, schon in der Schulzeit mit Gedächtnistraining in Berührung. Wir konnten in der Schule und auch während des Studiums extrem von ihr profitieren.

So arbeitet unser Gehirn:

Linke Seite: **Verstand**	Rechte Seite: **Kreativität**
Logisches Denken	Fantasie
Sprache	Bilder
Bewusstsein	Unterbewusstsein
Detailblick	Ganzheitsschau
Arbeitet Schritt für Schritt	Arbeitet simultan
Wird überfordert	Wird vernachlässigt

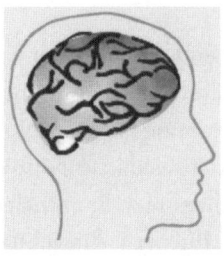

Das einfachste Modell der Arbeitsweise des Gehirns ist heute überholt. Es geht auf Roger W. Sperry zurück. Er forschte schon in den 1950er-Jahren an Epileptikern. Sein Modell kann heute trotzdem als vereinfachte und modellhafte Beschreibung benutzt werden.

Unser Gehirn besteht aus zwei Hälften. Diese sind mit dem Corpus callosum, dem sogenannten Balken, miteinander verbunden. Hierdurch kommunizieren beide Gehirnhälften miteinander. Bei Frauen ist das Corpus callosum dicker ausgebildet als bei Männern. Im Allgemeinen funktioniert bei Frauen aus diesem Grund auch der Datenaustausch zwischen beiden Gehirnhälften besser und schneller als bei den Herren der Schöpfung. Frauen denken auch ausgeglichener in beiden Hälften. Zwar dominiert auch bei ihnen die linke Gehirnhälfte, aber lange nicht so stark wie bei Männern.

Im besten Fall benutzen wir beide Hirnhemisphären »fifty fifty«. Wie unsere Beine. Da die linke Hälfte aber im Allgemeinen übertrainiert ist und die rechte zu wenig genutzt wird, ist ein kontinuierliches Training der rechten Hirnhälfte notwendig. Dieses Training ist durch die Geisselhart-Methode gesichert. Mit ihr trainieren Sie in effektiver Weise gerade die rechte, bilderreiche und kreative Gehirnhälfte.

Bilder sind die Sprache des Gehirns

Unser Gedächtnis speichert Bilder und Filme wesentlich besser als bloße Zahlen, Daten und Fakten. Bilder sind viel stärker in der Lage, Gefühle freizusetzen. Starke Gefühle verstärken den Speichervorgang jedoch ungemein. Die hierbei freiwerdenden Hirnhormone, u. a. Dopamin, wirken dann, bildlich gesprochen, wie Klebstoff für die Information, die man behalten soll.

Die im Buch vorgeschlagenen Bilder und Bildverknüpfungen bzw. geistigen »Filmchen« sollen als Anregung dienen. So lange, bis Sie selbst in der Lage sind, funktionierende visuelle Verknüpfungen zu gestalten. Ihre eigene, selbst entwickelte Bildverknüpfung wird in den meisten Fällen besser funktionieren als die hier von uns vorgegebenen. Voraussetzung dafür ist allerdings, dass Ihre Verknüpfungen auch wirklich kreativ sind. Genau das trainieren Sie im vorliegenden Buch reichlich. Und sollte Ihnen trotz alledem einmal keine wirklich abgefahrene Verknüpfung einfallen: Eine schlechte Bildverknüpfung ist immer besser als gar keine.

Lassen Sie Ihrer Fantasie und Kreativität also freien Lauf. Lassen Sie sich nicht einschränken, sondern öffnen Sie Ihren Geist, und lassen Sie alle Bilder zu. Egal, wie das Bild, die Bildverknüpfung oder der Film auch aussehen mögen – wenn Sie sich Informationen damit besser merken können, ist der Film bzw. das Bild gut. Sollten Sie Anregungen, Kritik, Lob oder Ergänzungen haben, so melden Sie sich gerne bei uns. Unsere Kontaktadressen finden Sie am Ende des Buches. Nun wünschen wir Ihnen viel Erfolg und natürlich auch viel Spaß beim Durcharbeiten von »Best of Geisselhart«.

Roland Geisselhart: Wie ich zum Gedächtnistraining kam

Mit 16 Jahren hat sich mein bis dahin bequemes Schüler-Leben drastisch verändert: Wir bekamen Französisch als zweite Fremdsprache – bei einem Französisch-Lehrer, der frisch motiviert von der Universität kam und mich und meinen Freund Helmut sofort als freizeitorientierte Lern-Außenseiter identifizierte.

Ich war damals Bodybuilder und Kanufahrer und mein Freund gehörte zu den besten Tennisspielern in der Region. Unsere gesamte bis dahin üppige Freizeit verbrachten wir mit Sport, Jiu-Jitsu und Yoga. Schule war bis dato Nebensache gewesen, und irgendwie hatte der neue Lehrer das sofort gemerkt:

Wir kamen öfter dran als andere, fanden uns häufig vorne an der Tafel wieder, mit einem Stück Kreide in der Hand – und einer völligen Leere im Kopf: zu wenig gelernt! Schließlich begannen wir sogar vor lauter Stress, regelmäßig Hausaufgaben zu machen, was vorher nur in Ausnahmefällen vorgekommen war.

Bis zu dieser Zeit hatte ich geglaubt, eine perfekte körperliche Verfassung sei das, worauf es im Leben vor allem ankommt, doch nun nahm ich sogar die Französisch-Vokabeln mit zum Sport, um jede Pause zum Lernen zu nutzen – diese grundsätzliche Veränderung meiner Lebenseinstellung beschäftigte mich sehr.

Ich begann nach Lernhilfen zu suchen, blieb aber zunächst erfolglos. Bis ich eine Anzeige in der Zeitschrift Reader's Digest las, in der ein amerikanischer Gedächtnisakrobat zwei Bücher mit Gedächtnistechniken anbot. Im Folgesatz der Anzeige stand: »Es hilft auch in der Schule.« Da meine Mutter sehr skeptisch war und mir das Geld dafür nicht geben wollte (24,50 DM pro Buch war damals eine große

Summe), ging ich in den Herbstferien zu einem niedrigen Stundenlohn beim benachbarten Bauern zum Äpfelauflesen, und nach den Ferien kaufte ich mir das erste der beiden Bücher.

Jetzt begann das Abenteuer. Bereits am ersten Abend machte ich eine Übung nach der anderen. Als eifriger Kinogänger und Comicleser konnte ich die Anleitungen zum Visualisieren und das Vorstellen von inneren Bildern gut nachvollziehen. Als ich mir 16 Begriffe merken konnte, sprang ich noch mal aus dem Bett, lief zu meiner Mutter und bat sie, mir 16 Gegenstände zu diktieren und selbst aufzuschreiben. Ich konnte sie alle in der richtigen Reihenfolge wiederholen, und meine Mutter war recht erstaunt über dieses Ergebnis. Ich selbst übrigens auch …

Es sollte allerdings noch Monate dauern, bis der Erfolg auch in der Schule sichtbar wurde, denn ich stellte schnell fest, dass man sich Gegenstände wesentlich leichter merken kann als französische Vokabeln. Doch meine Mutter unterstützte mich, indem sie mir jeden Tag 20 Wörter diktierte, die ich dank der Visualisierungsübungen aus meinem Buch immer leichter und souveräner erinnern und wiedergeben konnte.

Nach ein paar Wochen erkannte ich, dass das genauso gut mit kleinen Sätzen funktionierte, und fortan nutzte ich mein Können, um bei den gelegentlichen Besuchen im Familien- und Bekanntenkreis das eine oder andere zusätzliche Taschengeld herauszuschlagen.

Meine Mutter hielt meine Fähigkeit, mir Dinge bildhaft vorzustellen, für angeboren. Ich glaube eher, dass meine Begeisterung für Comics und Action-Filme mir damals die Grundlage lieferte: Ich war begeisterter Kinogänger, musste aber die 5 km Entfernung zum Kino zu Fuß gehen, und so gewöhnte ich mir bald an, auf dem etwa einstündigen Heimweg alle wichtigen Szenen des Films noch einmal in meiner Fantasie Revue passieren zu lassen. Mit so mancher Filmsequenz, die ich mir dadurch einprägte, motivierte ich mich dann später beim Bodybuilding und Kanutraining, ganz intuitiv.

Trotz allem war mir noch nicht klar, wie ich meine neuen Kenntnisse für Französisch einsetzen konnte. Ich lernte noch nach herkömmlichen Methoden und musste aus Zeitgründen auf so manche Kanu-Regatta verzichten.

Zu Weihnachten schenkte meine Mutter mir das zweite Buch. Ich verschlang es begeistert, und noch in den Ferien schaffte ich es, mir 100 Gegenstände zu merken. Ich war stolz – und wurde wieder leichtsinnig.

Das heißt, ich hörte wieder auf, Hausaufgaben zu machen. In allen Fächern. Bis eines Morgens die Kameraden fragten, ob ich für die bevorstehende Arbeit in Geschichte gelernt hätte. Hatte ich natürlich nicht. Es ging um Jahreszahlen und Ereignisse aus der Zeit um 1500. Und ich mochte die Geschichtslehrerin, wollte mich also nicht blamieren.

In der Pause vor der Geschichtsstunde setzte ich mich mit meinem Freund Helmut zusammen, der die Bücher und Symbole mittlerweile auch kannte, und wir machten uns an die Arbeit: Die Symbole für die Zahlen von 1 bis 100 waren uns geläufig. Wir halbierten die vierstelligen Jahreszahlen zu jeweils zwei zweistelligen Zahlen und kombinierten die zugehörigen Bilder zu einer kleinen Geschichte, in die wir anschließend noch das entsprechende historische Ereignis einfügten. So lernten wir rasch die sechs Seiten Unterrichtsstoff, die wir für die Klassenarbeit hätten vorbereiten sollen.

Die Arbeit wurden geschrieben, und mein Freund und ich waren unter den Besten. Dieser Erfolg machte mich übermütig. An einem der folgenden Tage bat ich unseren Klassenprimus, mir die Französischvokabeln vorzulesen, die wir zur nächsten Stunde lernen sollten. Er las mir die 18 Wörter mit der jeweiligen deutschen Bedeutung langsam vor – und ich schaffte es tatsächlich, sie alle korrekt und in der gleichen Reihenfolge wiederzugeben.

Ich erinnere mich heute noch genau daran, wie unser Klassenprimus kreidebleich wurde. Innerlich wusste ich, dass ich gewonnen hatte. Er war neugierig geworden und wollte die Methode auch kennenlernen – und er bot mir an, dass ich neben ihm sitzen durfte. Das war für mich in der Folgezeit sehr, sehr nützlich und rettete mir vermutlich sogar meinen Schulabschluss …

Nun galt es noch, vor dem Französisch-Lehrer zu bestehen. Dieser hatte die Angewohnheit, am Ende seiner Stunde etwa 20 Vokabeln auf Französisch und Deutsch vorzulesen und anschließend – mit erhobenem Zeigefinger – zu drohen: »Die könnt ihr aber bis morgen!« Mittlerweile gelang es Helmut und mir, eine solche Aufzählung zeitgleich abzuspeichern und in der gleichen Reihenfolge wiederzugeben. So klappten wir ganz lässig das Französischbuch zu und meldeten uns, ob wir die vorgelesenen Vokabeln auch sofort wiederholen dürften.

Obwohl wir gehöriges Lampenfieber hatten, gelang es uns auf Anhieb. Unser Lehrer war verwirrt und konnte es kaum glauben: ausgerechnet wir beiden, die er von Anfang an als Faulenzer eingeschätzt hatte? Wir sollten freiwillig gelernt haben? Das wolle er genauer wissen: Am nächsten Tag gebe es ein Diktat.

Wir vermuteten, dass er uns einen bestimmten Text aus der eben gelernten Lektion diktieren wollte, und so setzten wir uns am Nachmittag hin und bereiteten uns vor: Wir nummerierten die einzelnen Sätze des Textes und prägten sie uns genau ein. Dann überprüften wir unsere Erinnerung, schrieben die Sätze sofort hin und korrigierten kleine Fehler und Auslassungen. Es war mühsam und zeitaufwendig, doch am Abend konnten wir uns an den Text wortgetreu erinnern.

Das Diktat kam erst am übernächsten Tag, und wir investierten noch einen halben Nachmittag, um das Gelernte auch langfristig im Gedächtnis zu verankern. Dann kam die beste Situation meiner ganzen Schulzeit:

Der strenge Französischlehrer diktierte tatsächlich genau den Text, den wir gelernt hatten. Als er etwa zwei Drittel vorgelesen hatte, gaben Helmut und ich unsere Blätter ab – mit dem vollständigen niedergeschriebenen Text. Unser Lehrer war sehr überrascht, ließ uns aber nicht gehen, sondern durchsuchte uns gründlich nach Spickzetteln oder anderen Hilfsmitteln. Natürlich fand er nichts – und von diesem Tag an ließ er uns tatsächlich in Ruhe. Und wir versprachen einander, ihm niemals zu verraten, wie wir das geschafft hatten.

Auch in meiner späteren Lehrzeit konnte ich meinen Lehrherrn bei festlichen Anlässen mehrfach mit ähnlichen Vorführungen überraschen, und er pflegte zu sagen: »Der Geisselhart hat eine außergewöhnliche mathematische Begabung, aber ob er das beruflich jemals anwenden kann, das steht noch in den Sternen.«

Nach meinem Schulabschluss absolvierte ich zunächst eine »normale« Ausbildung und arbeitete bei einem Freund in Stuttgart als rechte Hand des Verwaltungsleiters einer Klinik. Es war ein ruhiger Job, für mich zu ruhig, sodass ich mir bald noch etwas zur Ergänzung suchte und einem »inneren Ruf« folgte: Ich wurde Yogalehrer und unterrichtete Gruppen.

Dabei beschäftigte ich mich viel mit asiatischer Philosophie und mit Entspannungstechniken. Die Bilder, die wir in den Kursen verwendeten, waren oft so »realistisch«, dass die Teilnehmer sich fühlten, als wären sie tatsächlich an einem schönen Ort in der Natur. Wir schlugen also sozusagen eine innere Brücke zwischen unserer Vorstellung und der Wirklichkeit.

Wenig später wollte ich an der VHS Heilbronn Yoga unterrichten, doch der Leiter hatte bereits einen indischen Yogalehrer verpflichtet. Im Gespräch erzählte er mir von einem Freund, der Gedächtnistraining anbot, und sofort erinnerte ich mich an meine Schulzeit und entwickelte eine eigene Kursidee. Die Ausschreibung war ein voller Erfolg: Ich musste sogar einen Parallelkurs anbieten, so groß war die Nachfrage. Für die Teilnehmer war diese Methode etwas ganz Neues, fast schon eine Art Abenteuer: sich »nur« durch innere Bilder so vieles merken können? So viele Ideen, neue Gedankenketten, Fantasiebilder entwickeln? Das hatte etwas vom »amerikanischen Geist«, vom »Land der unbegrenzten Möglichkeiten« ...

Ich nutzte die einfachen Übungen, die ich in meiner Schulzeit praktiziert hatte, und erweiterte sie peu à peu – auch für mich war das ein kleines Abenteuer und richtige Pionierarbeit. Doch nach einer Weile war die Arbeit an den Volkshochschulen in der Umgebung nicht mehr befriedigend, und wieder hatte ich Glück: Der Ausbildungsleiter der Firma Robert Bosch GmbH in Stuttgart-Feuerbach engagierte mich für firmeninterne Seminare. Das war gleich doppelt ergiebig: Zum einen war die Bezahlung in der Wirtschaft deutlich lukrativer, zum anderen ging es jetzt nicht mehr nur um Einkaufs- und Erledigungslisten, sondern um konkretere Umsetzungen im Berufsalltag.

Das hieß, es galt viel klarer als zuvor, Theorie und Praxis miteinander zu verbinden: Produktkenntnisse mit Rhetorik und Managementwissen zu verknüpfen, Visionen und Realitäten miteinander in Einklang zu bringen. Ich brauchte nicht mehr nur »Landeplätze« für die bildhaften Verknüpfungen, sondern neue Strategien, um aus dem Ansatz des Gedächtnistrainings mehr zu machen als eine Methode, um sich die Namen der Geschäftspartner und die wichtigsten Termine einzuprägen. Schnell stellte ich auch fest, dass es viele Grundmuster gab, die bei meinem Gedächtnistraining und der damaligen Ausbildung zum Ingenieur ähnlich waren.

Die Firma Bosch vermittelte mich an ihre Filialen weiter, andere Firmen kamen dazu, und so kündigte ich bald meine sichere Stelle in der Verwaltung der Klinik und wagte den Sprung in die Selbstständigkeit.

Zu dieser Zeit fiel mir eine ganzseitige Zeitungsannonce in die Hände: Ein gewisser Prof. Mewes warb für seine Seminare, in denen er die Teilnehmer dazu motivierte, nicht mit der breiten Masse zu schwimmen, sondern sich als Spezialisten zu profilieren. Er führte als Beispiel einen Bauern an, der sich auf den Anbau von Erdbeeren spezialisieren wollte, aber zunächst die viele Erntearbeit scheute. Bis er eines Tages auf die Idee kam, sein Land so zu bewirtschaften, dass die Kunden auf die Erdbeerfelder kommen sollten, um sich ihre Erdbeeren dort selbst zu pflücken – eine neue Geschäftsidee war geboren.

Dieses Beispiel leuchtete mir sofort ein, und bald bot ich Seminare zum Thema »Strategisches Denken und Handeln« und »Memo-Training« an, die großen Anklang fanden. Die Grundidee war folgende: Wenn ich mich auf eine Facette meines Berufes konzentriere, die mir Spaß macht, und darin wirklich Experte werde und auffalle, habe ich mehr Erfolg und kann gleichzeitig einen höheren Kundennutzen anbieten.

Auch für mein eigenes berufliches Fortkommen waren diese Inspirationen sehr nützlich, denn noch war ich trotz allem ein exotischer Neuling auf dem Seminarmarkt: Zum einen kümmerte ich mich darum, meinen Bekanntheitsgrad zu steigern, z. B. durch Fernsehauftritte, etwa in den 1980er-Jahren in Alfred Bioleks Sendung »Mensch Meier«, wo ich vor einem großen Fernsehpublikum Gedächtniskunststücke zeigte. Bücher über Gedächtnistraining gab es damals schon, aber nur sehr wenige Seminare, schon gar nicht für Firmen. Ich konzentrierte mich darauf, »Spezialist« zu werden. Später sollte mein Neffe hier in meine Fußstapfen treten: Er wurde Spezialist für »Gedächtnis und Rhetorik«.

Roland Geisselhart bei Alfred Biolek in »Mensch Meier«

Zum anderen experimentierte ich im Laufe der Jahre auch damit, die Analogien und Ähnlichkeitsmuster stärker zu nutzen, die beim reinen Gedächtnistraining zutage treten, um mit ihrer Hilfe auch andere Ressourcen meiner Teilnehmer zu trainieren, wie Intelligenz, Lösungs-Findungs-Denken, Intuition, Kreativität und Menschenkenntnis. So habe ich auf der Basis des Gedächtnistrainings eine Vielzahl von weiteren Spezial-Seminaren entwickelt und damit vielen Teilnehmern ihr berufliches und privates Vorankommen wesentlich erleichtert.

30 Jahre nach jener Anzeige hatte ich das Glück, Prof. Mewes persönlich kennenzulernen, und ich nutzte die Gelegenheit, um ihm für die damalige Inspiration zu danken.

Oliver Geisselhart: ... und so kam ich zum Gedächtnistraining

Ein großes Dankeschön geht hier erst mal an meinen Onkel Roland Geisselhart.

Dieses Jahr, 2013, feiere ich mein 30-jähriges Bühnenjubiläum. Gedächtnistraining betreibe ich seit nunmehr 33 Jahren. Wow, wer hätte das gedacht? Angefangen habe ich mit Seminaren an Volkshochschulen mit maximal 25 Teilnehmern, und heute spreche ich weltweit auf Veranstaltungen mit oftmals mehreren Tausend Zuschauern. Talkmaster wie Markus Lanz laden mich in ihre Sendungen ein, das ZDF betitelt mich als »Deutschlands Gedächtnistrainer Nr. 1« und Zeitungen wie *Die Welt, Die Süddeutsche Zeitung, Bild* und *Focus* berichten über mich fast schon regelmäßig. Ohne meinen Onkel wäre es dazu wohl nie gekommen!

Oliver Geisselhart im Sommer 2008 bei Markus Lanz

Mit Gedächtnistraining kam ich bereits im Alter von zwölf Jahren in Berührung. Mein Onkel Roland Geisselhart, der damals ja schon als Gedächtnistrainer tätig war, nahm mich auf eines seiner Seminare mit. Die Technik, die ich dort lernte, half mir in der Schule enorm. So konnte ich mit einem wirklich deutlich geringeren Lernaufwand dieselben Ergebnisse erzielen wie bisher. Zusätzlich machte diese Art des Lernens wirklich Spaß. Das kannte ich bisher überhaupt nicht. Schule war für mich immer ein Graus. Aber nun machte es mir auf einmal wirklich Spaß, mir neues Wissen anzueignen. Denn durch die verrückten, lustigen und kreativen Verknüpfungen und die Bildergeschichten, die mit dieser Art des Lernens einhergehen, musste ich beim Lernen immer öfter lachen. Und so besuchte ich meinen Onkel bei seinen Seminaren immer dann, wenn er in der Nähe des Bodensees, meinem Geburts- und damaligen Wohnort, war. Nach ein paar Seminaren durfte ich sogar ab und zu mal assistieren und mit den Teilnehmern kleinere Gruppenarbeiten durchführen.

Im Alter von 16 Jahren war ich dann so weit, dass mein Onkel mich sogar zu einem Seminar schickte, um ihn zu vertreten, weil er verhindert war. So fuhr ich also im November 1983 mit meinem damaligen besten Freund, Helmar Grupp, von Friedrichshafen, meinem Wohnort, nach Singen, wo das Seminar veranstaltet wurde. Dann hielt ich dort mein allererstes Seminar – und das direkt für Erwachsene! Und sogar zur Zufriedenheit aller Teilnehmer! Das war für mich eine wirklich einschneidende Erfahrung. Zumal ich auch für diesen einen Tag damals schon 600 DM als Honorar bekam. Für mich damals eine unvorstellbare Summe für nur einen Tag Arbeit. Und so erkannte ich schnell, dass ich hier Spaß, Sinn, Inhalt und Geld verdienen vereinen konnte. Also hielt ich neben der Schule immer öfter Seminare an Volkshochschulen, verschiedenen Bildungseinrichtungen und Firmen aller Branchen im Umkreis des Bodensees.

Auch während meines BWL-Studiums in Bielefeld hielt ich regelmäßig Seminare und Vorträge. Die Erfüllung, die mir diese Arbeit bescherte, verstärkte meine Überzeugung, dass dies wohl meine Berufung sei. Es macht unglaublich Spaß zu sehen, wie sich Menschen innerhalb kürzester Zeit vom Gedächtnisbesitzer zum Gedächtnisbenutzer wandeln. Die Erfolgserlebnisse, welche die Teilnehmer hier erfahren, sind phänomenal. Die Motivation ebenso. Diese ist so gewaltig, dass sie wirklich positive Veränderungen im Selbstwertgefühl hervorruft. Und das mitzuerleben und initiiert zu haben, erfüllt mich mit großer Befriedigung.

Das Thema »Gedächtnistraining« ist meiner Auffassung nach extrem wichtig für jeden. Ein Schüler lernt damit in der Schule leichter, ein Azubi kommt besser durch seine Ausbildung, Hausfrau oder Hausmann erledigen ihren Alltag dadurch effektiver und entspannter, ein Manager ist damit deutlich erfolgreicher, ein Vertriebler macht deutlich mehr Umsatz, und selbst Best Agers und Rentner halten sich dadurch geistig fit und rege. Außerdem beugen sie – wissenschaftlich erwiesen – wirksam Alzheimer vor und bleiben geistig fit und gesund bis ins hohe Alter.

Und so kam es, wie es kommen musste: Nachdem ich einige andere Betätigungen ausprobiert hatte – u. a. hatte ich mit einer Freundin ein Modegeschäft, ich war als Finanzdienstleister tätig, habe Autos an- und verkauft und war vier Jahre Vertriebsleiter eines Anzeigenmagazins –, konzentrierte ich mich voll und ganz auf meine Trainer- und Vortrags- bzw. Rednertätigkeit.

Das Thema »Gedächtnistraining« fasziniert mich heute wie eh und je. Es ist mir ein großes Anliegen, dieses Thema noch bekannter zu machen und noch mehr der »breiten Masse« zu vermitteln. So, dass wirklich jeder einmal die Chance hat, diese Gedächtnistechnik zu erlernen bzw. zu testen und dann für sich selber zu entscheiden: Möchte ich diese Technik für mich weiterhin anwenden oder lasse ich es bleiben? Und so schrieb ich etliche Bücher – mittlerweile sind es über zehn –, war in unzähligen Fernsehshows zu Gast, hatte viele Radiointerviews, und über mich erschienen noch mehr Artikel und Berichte in Zeitungen und Fachmagazinen.

Es freut mich immer wieder, wie die Reaktion auf solche Berichterstattungen ausfällt, und ich bin sehr glücklich über die vielen Mails, die mein Büro erreichen – von Interessierten, die sich mit diesem

Thema näher beschäftigen möchten. Und so freue ich mich heute wirklich auf die nächsten 30 Jahre. Ich sehe mich schon mit schlohweißem Haar im Alter von 75 noch auf den Bühnen dieser Welt stehen und mitreißende, motivierende Vorträge halten, um die Menschen weiterhin für dieses Thema zu begeistern.

1. Die Stufen zum perfekten Gedächtnis

Ein Überblick über die Gedächtnisleistungen, zu denen Sie im Laufe des Übens fähig werden.

Die Reihenfolge der Schwierigkeitsgrade von 1 bis 10 in der folgenden Tabelle ist der Natur abgelauscht. So wie etwa ein Nussbaum Zeit braucht und es Zwischenstufen gibt, bis aus der Nuss ein großer Baum geworden ist, genauso können Sie das fotografische Gedächtnis durch Üben Ihrer flexiblen Vorstellungskraft nur schrittweise und in Stufen entwickeln. Dies ist ein wichtiger Punkt bei der Anwendung. Studieren Sie die 10 Stufen genau und stellen Sie fest, welche Stufen für Sie als Ziel besonders wichtig und reizvoll sind!

Danach beginnen Sie mit dem Training der Stufe 1, ganz normale Verknüpfungen leichter Art, bis Sie nach 1 bis 2 Stunden Training feststellen, dass sich Ihre Flexibilität in der Gestaltung eigener Verknüpfungen deutlich erhöht hat. Hierbei sind Sie auf dem Weg nicht nur zum Super-Gedächtnis, sondern zugleich auch zu einer flexibleren Vorstellungskraft; Sie entdecken zunehmend Ihre eigene Kreativität, entwickeln Ihre Fähigkeit visuellen Erfindens und – bei weiterem Üben – das für viele so wichtige Problemlösungsdenken.

Sie benötigen pro Stufe ca. 1 bis 2 Stunden Training. Dies sind Erfahrungswerte, die von Person zu Person leicht variieren können. Das Training macht mehr Spaß und bringt schnellere Fortschritte, wenn Sie mit einem Trainingspartner oder einer Trainingspartnerin zusammen üben, denn miteinander zu sprechen und der Austausch von Verknüpfungsideen regt die Fantasie stark an – jedenfalls wesentlich mehr, als wenn Sie nur alleine üben, obwohl das natürlich auch geht.

Eine Stufe zu überspringen ist selten möglich. An der Stufenfolge ersehen Sie, wie weit Sie trainingstechnisch in der Flexibilität und in der Vorstellungskraft fortgeschritten sind und welche Anwendungen in der Praxis damit bis jetzt möglich sind; als Bild für die Entwicklung der Vorstellungskraft können Sie an Muskeln denken, die wachsen, wenn sie trainiert werden.

Es ist wichtig, diese Tabelle von Anfang an vor sich zu haben und zu beachten, damit Sie die Stufen der Entwicklung vor Augen haben und nicht auf die Idee kommen, die Methode würde nicht funktionieren oder Sie könnten das nicht lernen, wenn Ihnen nicht direkt alles gelingt.

Grundsätzlich ist noch sehr viel mehr möglich, als die Tabelle zeigt – das sehen Sie, wenn im Fernsehen die potenziellen Leistungen des Gedächtnisses demonstriert werden, sowie bei den Gedächtnisweltmeisterschaften, die jährlich vom World Memory Sports Council (WMSC) organisiert werden. Wenn Sie sich anfangs auf nur eine einzige, für Sie sinnvolle, praktische Umsetzung des Trainings spezialisieren, kommen Sie schneller zum Ziel. Jedes Training lohnt sich mehrfach, weil gleichzeitig Ihre Konzentrationsfähigkeit automatisch mitwächst und weil das Selbstvertrauen in Ihre mentalen Leistungen schon nach wenigen Stunden rasch zunimmt und Sie plötzlich auch »redetechnisch« besser werden. Ihre Fähigkeit, etwas rasch zu erfassen und wertvolle Informationen zu erkennen und zu vergleichen, steigt. Sich Ihrer Möglichkeiten mental bewusst zu werden, ist letztendlich bei der Entwicklung Ihrer Persönlichkeit im beschriebenen Sinn der springende Punkt. Achten Sie darauf, dass Sie vorwiegend positive Bilder gestalten, so kommen Sie schneller voran.

Die verschiedenen Stufen und Schwierigkeitsgrade der Geisselhart-Methode bauen also systematisch aufeinander auf:

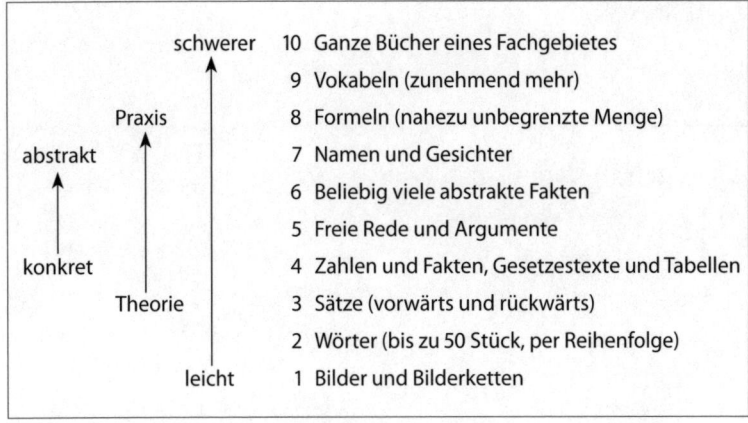

2. Die Kunst der Assoziation

Assoziation, Ersatzprinzip und Prinzip der Übertreibung als Hilfsmittel für Lernen und Gedächtnis

Das Lernen ist in unserem Informationszeitalter eine der wichtigsten Voraussetzungen für den Erfolg. Täglich stürmt eine Fülle neuer Informationen auf uns ein, die wir eigentlich im Kopf behalten müssten – und häufig merken wir uns nur einen Bruchteil dessen, was wir wissen sollten, und sind dann verärgert über unser »schlechtes Gedächtnis«.

Die meisten Menschen wissen nur sehr wenig über die Vorgänge in diesem »Gedächtnis«, dem sie so gern den Schwarzen Peter zuschieben. Was läuft eigentlich in unserem Gehirn ab, wenn wir uns etwas merken – mit anderen Worten: wenn wir eine neue Information in uns aufnehmen?

Wie lernen wir?

Lernen – was ist das eigentlich?

Alle Informationen, die wir in unserem Gedächtnis gespeichert haben, sind durch unzählige Querverbindungen miteinander verknüpft. Machen Sie einmal die Probe aufs Exempel! Rufen Sie sich den Inhalt der Einleitung mit den kurzen Ausführungen über die beiden Gehirnhälften wieder ins Gedächtnis zurück. Denken Sie »linke Gehirnhälfte« – und sofort werden Ihnen die Begriffe »Sprache«, »Vernunft«, »logisches Denken«, vielleicht auch noch »Abstraktion« und »Rationalität« in den Sinn kommen. Und nun denken Sie

»rechte Gehirnhälfte«. Wetten, dass Ihnen bei diesem Wort automatisch Begriffe wie »bildhaftes Denken«, »Intuition«, »Fantasie« einfallen?

Sie haben also den Begriff »linke Gehirnhälfte« in Ihrem Gedächtnis mit »Sprache«, »Vernunft« und »logischem Denken« verknüpft, »rechte Gehirnhälfte« dagegen mit »bildhaftem Denken«, »Intuition« usw. Wenn Sie an einen dieser Begriffe denken, fallen Ihnen die anderen automatisch dazu ein. Unser gesamtes Wissen ist nach diesem Prinzip der Verknüpfung, der Assoziation, gespeichert.

Was geschieht nun, wenn Sie etwas Neues hinzulernen?

Die neue Information wird keineswegs isoliert abgespeichert – das wäre für Ihr Gedächtnis viel zu schwierig und ergibt in der Regel ja auch gar keinen Sinn –, sondern mit einer bereits bekannten Information verknüpft.

Nehmen wir einmal an, Ihr Nachbar hat einen indischen Geschäftsfreund, von dem er Ihnen schon öfters erzählt hat. Eines Tages besucht ihn dieser Freund, und bei dieser Gelegenheit lernen Sie ihn kennen und plaudern eine Weile mit ihm. Wenn Ihr Nachbar diesen Geschäftsfreund nun das nächste Mal erwähnt, werden Sie dabei automatisch das Gesicht des Mannes vor sich sehen; vielleicht wird Ihnen auch noch sein Name einfallen. Das heißt, Sie haben an eine bekannte Information (»Mein Nachbar hat einen indischen Geschäftsfreund«) neue Informationen (Gesicht und Namen des Mannes) angeknüpft. Diese beiden Informationen sind nun – zumindest eine Zeit lang – untrennbar miteinander verbunden; wenn Sie an die eine denken, kommt Ihnen unwillkürlich gleich auch die andere in den Sinn.

So ordnet unser Gedächtnis alle Informationen in bestimmte »Schubladen« ein und verknüpft sie mit dem bereits vorhandenen »Schubladeninhalt«. Wenn Sie in der Zeitung etwas über die russische Außenpolitik lesen, verknüpfen Sie diese neue Information automatisch mit Ihrem bisherigen Wissen über Russland. Wenn in den Nachrichten über einen neuen Lebensmittelskandal berichtet wird, fallen Ihnen sofort alle früheren Lebensmittelskandale ein, an die Sie sich noch erinnern. Warum? Weil diese Informationen sinngemäß zusammengehören und daher in Ihrem Gehirn miteinander verknüpft sind.

Aber, werden Sie fragen, wenn unser Wissensspeicher so perfekt funktioniert, wenn alles Neue, Unbekannte sinnvoll mit Bekanntem verknüpft wird, warum vergessen wir dann trotzdem so viele Dinge?

Die Antwort lautet natürlich, dass zu viele Informationen täglich auf uns einstürmen. Selbst wenn wir sie alle mit irgendetwas bereits Bekanntem assoziieren, können wir unmöglich sämtliche Assoziationen, die auf diese Weise gebildet werden, im Gedächtnis behalten. Unser Gehirn speichert nicht alles; es muss eine Auslese treffen.

Von entscheidender Wichtigkeit für jeden, der sein Gedächtnis verbessern möchte, ist nun natürlich die Frage, nach welchen Kriterien das Gehirn bei dieser Auslese vorgeht. Warum merken wir uns manche Dinge schwer, andere mühelos? Und wie können wir die Auslesetätigkeit unseres Gehirn in die gewünschte Richtung steuern?

Diese Frage können Sie sich eigentlich selbst beantworten. Überlegen Sie doch einmal, welche Dinge Sie besonders leicht im Gedächtnis behalten und welche Ihnen Mühe bereiten.

Wenn Sie Blumenliebhaber sind und in einer Zeitschrift etwas über eine neu entdeckte, Ihnen bisher unbekannte Zimmerpflanze lesen, wird es Ihnen sicherlich leichter fallen, diese Informationen im Gedächtnis zu behalten, als irgendeinen anderen Artikel, den Sie langweilig finden. Das heißt, wir merken uns am leichtesten Dinge, die uns besonders wichtig sind oder am Herzen liegen – beispielsweise Themen, für die wir uns interessieren, die unser Hobby oder irgendeinen uns nahestehenden Menschen betreffen. Auch Dinge, die wir besonders schön und beeindruckend finden, prägen wir uns im Allgemeinen leicht ein, ohne dass es dazu einer besonderen Anstrengung bedarf. Daher kommt es, dass Sie sich sicherlich noch genau an die schönsten Ereignisse Ihres letzten Urlaubs erinnern, während Sie die Spanischvokabeln, die Sie für Ihre nächste Geschäftsreise brauchen, trotz ständigen Wiederholens dauernd wieder vergessen.

Und es gibt noch eine dritte Art von Informationen, die unser Gehirn »aufhorchen« lassen: Dinge, die seltsam, lustig oder ungewohnt sind, die durch ihre Außergewöhnlichkeit hervorstechen. Wenn Sie aus dem Fenster Ihres Arbeitszimmers schauen und unten einen Mann auf den Händen die Straße entlangspazieren sehen, werden Sie das am Abend sicherlich noch wissen, während Sie hundert andere Dinge – die zu merken für Sie vielleicht viel wichtiger wäre – längst wieder vergessen haben.

Eine weitere Grundregel lautet, dass wir uns Konkretes leichter merken als Abstraktes, Bilder leichter als Worte. Diese Erfahrung haben Sie selbst schon unzählige Male gemacht: Sicherlich passiert es Ihnen häufig, dass Sie auf der Straße einem Menschen begegnen, dessen Gesicht Ihnen bekannt vorkommt; aber Sie können sich beim besten Willen nicht mehr an seinen Namen erinnern. Der umgekehrte Fall dagegen – dass Ihnen der Name eines Menschen im Gedächtnis haften bleibt, während Sie sein Gesicht vergessen – tritt nur sehr selten ein.

Setzen Sie Ihre rechte Gehirnhälfte ein!

Was nützt uns dieses Wissen? Ob uns ein Lernstoff interessiert oder nicht, können wir schließlich nur in begrenztem Maß beeinflussen. Wir können uns nicht befehlen, etwas interessant oder beeindruckend zu finden. Und häufig sind es eben leider gerade abstrakte, langweilige Dinge, die wir uns merken müssen – Vokabeln z. B., Grammatikregeln, Statistiken, Verkaufszahlen, Termine, Gesetzesparagrafen usw. Diese Dinge sind weder bildhaft, noch tun sie sich durch besondere Außergewöhnlichkeit hervor. Sie sind also keineswegs »gehirngerecht« und folglich schwer zu merken, da nützt selbst das beste Gedächtnistraining nichts, werden Sie wahrscheinlich denken.

Aber Sie irren sich. Man kann selbst abstrakte, langweilige Dinge in eine farbige Bildsprache »übersetzen« und ihnen den Anstrich des Außergewöhnlichen geben. Man braucht nur ein bisschen Fantasie dazu.

Wie man das macht?
Kein Problem. Nehmen wir an, Sie müssen nach der Arbeit in den Supermarkt gehen, um Käse und Zahnpasta zu besorgen, und wollen wegen dieser lächerlichen zwei Posten nicht extra eine Einkaufsliste schreiben. Wie merken Sie sich Zahnpasta und Käse?
Nun, ganz einfach. Zunächst sehen Sie beides – eine Zahnpastatube und einen leckeren Schweizer Käse mit großen Löchern drin – bildhaft vor sich. Die visuelle Vorstellung ist schon der erste Schritt zum Einprägen. Und nun strengen Sie Ihre rechte Gehirnhälfte an und denken Sie sich eine möglichst ausgefallene oder lustige Verknüpfung zwischen Zahnpasta und Käse aus. Sie könnten sich z. B. vorstellen, dass aus den Löchern des Käses Zahnpasta herausspritzt. Oder dass Sie sich mit dem Käse die Zähne putzen! Welche Assoziation Sie bilden, ist eigentlich egal. Hauptsache, sie ist außergewöhnlich, skurril oder lustig.
Und nun schließen Sie die Augen und stellen Sie sich diese Assoziation bildhaft vor. Sehen Sie sich im Spiegel, wie Sie mit dem Käse Ihre Zähne putzen. Vergegenwärtigen Sie sich dabei ruhig auch den Geschmack des Käses; das wird Ihnen helfen, sich das Bild noch besser einzuprägen.

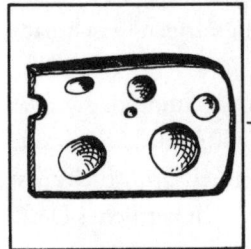  

Wenn Sie nun heute Abend im Supermarkt an der Käsetheke vorbeigehen, wird es in Ihrem Gedächtnis »klick« machen, und vor Ihrem geistigen Auge wird schlagartig das Bild erscheinen, wie Sie sich mit einem Stück Schweizer Käse die Zähne putzen. »Stimmt ja, das war es«, wird es Ihnen einfallen. »Zahnpasta und Schweizer Käse wollte ich kaufen.«

Als Nächstes möchten Sie sich die Begriffe »Hering« und »Limonade« einprägen (stellen Sie sich vor, Sie müssten Salzheringe und eine Dose Limonade einkaufen). Wie könnte man diese beiden Dinge in eine möglichst lustige Verbindung zueinander bringen?

Sie könnten sich ausmalen, dass in Ihrem Limonadenglas ein Hering herumschwimmt. Hören Sie ihn fröhlich darin plätschern, setzen Sie im Geiste das Glas an den Mund: Die Limonade schmeckt salzig!

 +  =

Hiermit haben Sie schon ein weiteres wichtiges Gesetz der Gedächtniskunst gelernt: Sie sollten sich Ihre Assoziation nicht nur bildlich vorstellen, sondern möglichst viele Sinnesorgane – Geruch, Geschmack, Gehör – daran beteiligen. Dadurch prägen sich die Bilder nachhaltiger ein. Haben Sie den Hering im Limonadenglas deutlich vor sich gesehen, das Plätschern gehört und den salzigen Geschmack auf der Zunge gespürt?

Gut. Dann können wir weitermachen. »Blumen« und »Toast«. Was für eine originelle Verbindung fällt Ihnen dazu ein? Vielleicht wollte Ihre Frau Ihnen eine Freude machen und hat Ihren Frühstückstoast mit einem Sträußchen bunter Blumen belegt? Welch herrlicher Duft!

Das ist natürlich nur ein Vorschlag. Sie können sich ruhig auch eine andere lustige Assoziation dazu ausdenken. Aber überlegen Sie nicht krampfhaft. Nehmen Sie das erste Bild, das Ihnen ganz spontan einfällt – das ist das Beste für Sie, denn es entspricht Ihrem individuellen Vorstellungsvermögen am meisten.

Wenn Sie das Toastbrot mit dem Blumensträußchen – oder Ihr eigenes Assoziationsbild – deutlich vor Augen gesehen und den Duft der Blumen in die Nase eingesogen haben, dürfen Sie zur nächsten Aufgabe übergehen. Aber erst dann!

Was fällt Ihnen zu »Krokodil« und »Briefträger« ein?

Das ist nicht schwer. Wie wäre es, wenn Sie ein Krokodil in Ihrem Garten halten, und es beißt den Briefträger ins Bein? Der Briefträger lässt sich aber nicht einschüchtern, sondern beißt zurück. Im Eifer des Gefechts verliert er alle seine Briefe und beginnt laut zu schimpfen. Das Krokodil lächelt hämisch und schnappt sich die Briefe.

Das ist übrigens ein sehr hilfreicher Trick: Lassen Sie die Dinge oder Lebewesen, die Sie sich einprägen möchten, lebendig werden, in Aktion treten, miteinander streiten oder tanzen. Stellen Sie sich ruhig eine lustige kleine Szene vor. Je bewegter und handlungsreicher Ihr Bild ist, umso besser können Sie es sich einprägen.

Sehen Sie diese Szene bildhaft vor sich. Dann löschen Sie das blutrünstige Krokodil aus Ihrer Vorstellung und konzentrieren Sie sich auf das nächste Begriffspaar: »Schlange« und »Armbanduhr«.

Was kann man sich zu diesen beiden Begriffen vorstellen? Das ist für Sie nun sicherlich schon fast ein Kinderspiel. Stellen Sie sich doch einfach vor, dass Sie statt einer Armbanduhr eine Schlange ums Handgelenk tragen. Jedes Mal, wenn Sie auf die Uhr schauen wollen, zischt die Schlange Sie wütend an.

 +  =

Das ist das sogenannte »Ersatzprinzip«, eine weitere Methode, auf die Gedächtniskünstler gern zurückgreifen: Die Schlange tritt an die Stelle der Armbanduhr, ersetzt sie also gewissermaßen. Auf diese Weise lassen sich viele lustige Assoziationen bilden.

Aber was nützt es mir eigentlich, werden Sie nun fragen, wenn ich Begriffe wie »Toastbrot« und »Blumenstrauß« oder »Briefträger« und »Krokodil« miteinander verknüpfen und auf diese Weise im Kopf behalten kann? Solche Dinge brauche ich mir doch nie im Leben zu merken.

Natürlich nicht. Das waren ja auch nur ein paar einfache Vorübungen, an denen Sie Ihren Einfallsreichtum erproben und Ihre Fähigkeit trainieren sollten, ausgefallene Assoziationsbilder zu finden.

Bitte haben Sie Verständnis dafür, dass die Gedächtnis-Grundübungen sehr einfach und banal sein müssen. Verlieren Sie nicht die Geduld, auch wenn Sie nach einiger Übung denken werden, Sie hätten jetzt schon längst begriffen, wie es geht. Vielleicht motiviert es Sie, wenn ich Ihnen verrate, dass selbst erfahrene Gedächtnispraktiker immer wieder auf diese Grundübungen zurückgreifen und dabei ständig neue Verknüpfungstricks entdecken, die sich dann auf Lernbereiche in den verschiedensten Gebieten anwenden und übertragen lassen. Glauben Sie nicht, dass Sie die Technik der Verknüpfung nach dem Grundtraining schon in Ihrer ganzen Vielfalt erfasst haben!

Aber selbstverständlich können Sie sich auch mit dieser einfachen Methode bereits Dinge merken, die für Sie im Arbeitsalltag sehr wohl von Nutzen sind. Das ist unser nächster Schritt.

Nehmen wir an, Sie müssen morgen früh, ehe Sie mit der Arbeit beginnen, zuallererst ein Alpenveilchen für Ihre Kollegin kaufen (sie hat Geburtstag) und dem Abteilungsleiter einen Vertrag zur Unterschrift vorlegen.

Natürlich könnten Sie sich das am Vorabend auf einen Zettel schreiben, damit Sie es nicht vergessen. Aber Sie wissen ja, wie es mit Zetteln häufig geht: Vielleicht vergessen Sie ihn zu Hause; oder Sie denken daran, ihn mit ins Büro zu nehmen, aber er taucht dann aus unerfindlichen Gründen nicht mehr aus der Versenkung Ihrer Aktentasche auf.

Also betreiben Sie lieber ein bisschen Gedächtnisakrobatik. Stellen Sie sich vor, dass der Inhalt des Vertrags, den der Abteilungsleiter unterzeichnen soll, nicht auf langweiligem weißem Papier, sondern auf den Blütenblättern eines Alpenveilchens steht. Und natürlich unterschreibt Ihr Chef dann auch auf einem Alpenveilchenblütenblatt.

Welches Gedächtnistrainingsprinzip haben Sie jetzt angewandt?

Ja, richtig. Das Ersatzprinzip. An die Stelle des Vertrages ist ein Alpenveilchen getreten; es ersetzt den Vertrag. Und vergessen Sie nicht, sich die Farben Ihres Bildes intensiv vorzustellen: die leuchtend roten Alpenveilchenblüten, die grünen Blätter, die schwarzen Buchstaben ...

 +  =

Wetten, dass Ihnen dieses Bild, wenn Sie am nächsten Morgen auf dem Weg zur Arbeit an der Gärtnerei vorbeikommen, wieder einfallen wird? Und Sie werden wissen, was Sie als Allererstes zu tun haben: Blumen kaufen – Vertrag unterschreiben lassen.

Als Nächstes möchten Sie sich merken, dass Sie Ihrer Sekretärin dringend den Auftrag geben müssen, Klarsichtfolien zu bestellen.

Das ist wirklich kinderleicht: Stellen Sie sich Ihre Sekretärin in einer riesigen Klarsichtfolie steckend vor. Halten Sie sich dieses Bild einige Sekunden lang eindringlich vor Augen, und Sie können sicher sein, dass es Ihnen, wenn Sie Ihre Sekretärin das nächste Mal sehen, unwillkürlich wieder einfallen wird.

 + 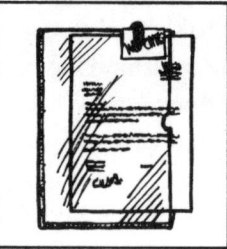 =

Gleichzeitig haben Sie damit ein weiteres wichtiges Gedächtnistrainingsprinzip gelernt: das Prinzip der Übertreibung. Stellen Sie sich einen der beiden Gegenstände, die Sie sich merken müssen, in überdimensionaler Größe vor – dann entsteht fast automatisch ein skurriles, sehr einprägsames Bild.

Die nächste Aufgabe: Sie dürfen auf keinen Fall vergessen, für die morgen in Ihrem Zimmer stattfindende kleine Feier noch Gurken und Oliven zu besorgen, mit denen Ihre Sekretärin dann kleine Appetithäppchen zubereiten soll.

Spüren Sie, wie Ihre rechte Gehirnhälfte jetzt schon fast automatisch zu arbeiten beginnt, wie Ihnen unwillkürlich lustige, ungewöhnliche Bilder in den Sinn kommen?

Zum Beispiel: In Ihrem Zimmer hüpfen plötzlich tausend saure Gurken und Oliven umher; sie haben Beine bekommen. Auf den Oliven-Gesichtern liegt ein breites, fröhliches Grinsen; und auch die Gurken haben ihr Gesicht zu einem säuerlichen Lächeln verzogen und beginnen mit den Oliven zu tanzen.

Wenn Sie dieses Bild deutlich vor sich sehen können, haben Sie bereits beachtliche Fortschritte gemacht, denn hier handelt es sich um eine richtige, äußerst bewegte kleine Szene.

Und Sie haben ganz nebenbei auch wieder etwas gelernt: Durch zahlenmäßige Übertreibung (in diesem Fall: 1000 Gurken und Oliven) können Sie sich Ihr Bild viel leichter merken.

Immer wenn Sie für ein paar Sekunden abschalten und den Blick durch Ihr Zimmer schweifen lassen, sollten Sie die hüpfenden, tanzenden Gurken und Oliven darin sehen. Dann werden Sie den Einkauf für Ihre Feier ganz bestimmt nicht vergessen.

Bei unserem letzten Beispiel sollten Sie wieder versuchen, das Prinzip der Übertreibung anzuwenden – und zwar übertreiben Sie diesmal mit der Geschwindigkeit. Die beiden Dinge, die Sie sich einprägen müssen, sollen sich in rasendem Tempo bewegen.

Sie möchten sich merken, dass Sie Ihrem Chef am nächsten Tag einen Aktenordner zurückgeben müssen.

Nichts leichter als das. Stellen Sie sich den Aktenordner und Ihren Chef in einer wilden Verfolgungsjagd vor. Ihr Chef flüchtet vor dem Ordner, aber er hat keine Chance: Der Ordner ist schneller, und als er Ihren Chef erwischt hat, schnappt er mit seinen beiden Aktendeckeln nach ihm.

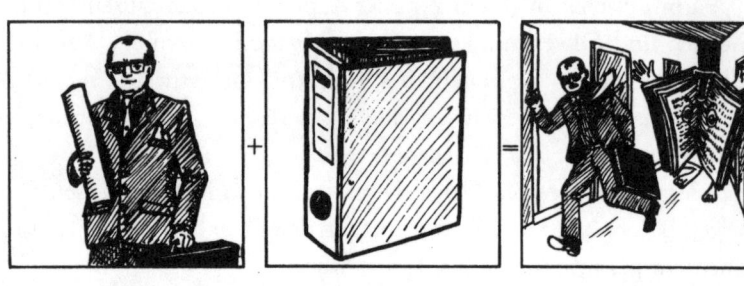

Haben Sie schon Fortschritte gemacht?

Was haben Sie mit dieser Übung erreicht?

Sie haben gelernt, sich zwei zusammengehörige Begriffe einzuprägen, indem Sie irgendeine groteske oder lustige Assoziation zwischen ihnen herstellen und diese Assoziation bildhaft vor sich sehen. Und Sie haben erfahren, wie Sie diese Methode in Ihrem täglichen Berufs- oder Privatleben als Gedächtnisstütze einsetzen können.

Damit sind Sie schon einen ganzen Schritt weiter. Wetten, dass Sie die neuen Begriffspaare der Übung noch im Kopf haben?

Testen Sie Ihr Gedächtnis!

Unten sind die ersten Begriffe der neun Assoziationspaare abgedruckt. Schreiben Sie in die Zeile daneben jeweils den dazugehörigen Begriff.

Um zu verhindern, dass Sie sich die Paare einfach der Reihe nach einprägen – das ist nämlich nicht der Sinn unserer Gedächtnisübung! –, haben wir die Reihenfolge ein wenig geändert.

Blumenstrauß _____ ☐

Käse _____ ☐

Sekretärin _____ ☐

Hering _____ ☐

Krokodil _____ ☐

Alpenveilchen _____ ☐

Gurken _____ ☐

Schlange _____ ☐

Chef _____ ☐

Wenn Sie mit dem Test fertig sind – aber erst dann! –, blättern Sie um. Auf der nächsten Seite steht nämlich die Lösung. Dort können Sie nachprüfen, ob Sie die Begriffspaare richtig ergänzt haben.

Wenn Sie sich weniger als sechs Begriffspaare richtig eingeprägt hatten, dann haben Sie die Assoziationsbilder nicht intensiv oder nicht lange genug vor Ihrem geistigen Auge gesehen. In diesem Fall sollten Sie die Übung wiederholen und versuchen, sich noch stärker auf die Bilder zu konzentrieren. Anschließend machen Sie den Test noch einmal – Sie werden sehen, dass es jetzt schon viel besser geht.

Wenn Sie sechs bis neun Richtige verzeichnen konnten – herzlichen Glückwunsch! Dann haben Sie jetzt grünes Licht für unsere nächste Gedächtnisübung.

Blumenstrauß	–	Toast	☐
Käse	–	Zahnpasta	☐
Sekretärin	–	Klarsichtfolie	☐
Hering	–	Limonade	☐
Krokodil	–	Briefträger	☐
Alpenveilchen	–	Vertrag	☐
Gurken	–	Oliven	☐
Schlange	–	Armbanduhr	☐
Chef	–	Aktenordner	☐

So viele Punkte haben Sie: _____

Nun ist Ihr bildhaftes Vorstellungsvermögen schon so weit trainiert, dass Sie in der Lage sind, selbstständig lustige Assoziationen zu bilden. Meine Verknüpfungsvorschläge brauchen Sie jetzt gar nicht mehr.

Allmählich werden Sie feststellen, dass Ihnen die Assoziationen immer rascher und spontaner einfallen, dass Ihre Bilder immer origineller und bewegter werden. Und Sie trainieren mit diesen Übungen nicht nur Ihr Gedächtnis, sondern schlagen gleich mehrere Fliegen mit einer Klappe: Sie werden dadurch eine ungeahnte Kreativität entwickeln, Ihr Denken wird flexibler, und Sie lösen sich aus alten, eingefahrenen Denkstrukturen, in denen Sie bisher gefangen waren, ohne es zu wissen. Das ist gerade für Manager von unschätzbarer Wichtigkeit; denn flexibel denkende Menschen sind automatisch erfolgreicher, es gelingt ihnen leichter, Lösungen zu finden.

Also: Werden Sie ein Künstler, Maler, Zeichner, Werbegrafiker, Science-Fiction-Autor, Filmemacher – erlernen Sie die Kunst, Vorstellungsbilder kreativ zu gestalten und zu steuern. Auf der rechten Seite habe ich noch einmal kurz zusammengefasst, was man dabei beachten muss.

Wie bildet man Assoziationen?

1. Versuchen Sie, möglichst originelle, groteske oder lustige Assoziationen zu finden. Je außergewöhnlicher, umso einprägsamer.

2. Schließen Sie die Augen und sehen Sie Ihr Bild möglichst deutlich und plastisch in allen Einzelheiten vor sich.

3. Denken Sie nicht lange nach, sondern entscheiden Sie sich für die erste Assoziation, die Ihnen in den Sinn kommt. Spontaneität ist gefragt!

4. Sehen Sie Ihr Bild nicht nur vor sich, sondern beziehen Sie nach Möglichkeit auch noch andere Sinnesorgane mit ein: Hören, riechen, ertasten oder schmecken Sie es!

5. Stellen Sie sich ein möglichst bewegtes, lebendiges Bild vor – das prägt sich besser ein. Lassen Sie die Partner Ihrer Assoziationspaare miteinander streiten, tanzen oder um die Wette rennen. Mit ein wenig Übung wird es Ihnen gelingen, richtige kleine Szenen zu erfinden.

6. Bilden Sie Ihre Assoziationspaare nach dem Ersatzprinzip: Ein Gegenstand übernimmt die Rolle eines anderen (der Käse tritt an die Stelle der Zahnpasta, die Schlange an die Stelle der Armbanduhr usw.).

7. Übertreiben Sie bei Ihren Fantasiebildern in Größe, Anzahl oder Geschwindigkeit. Sehen Sie einen Gegenstand gleich zehnfach oder in überdimensionaler Größe vor sich oder lassen Sie ihn sich in affenartigem Tempo bewegen – dadurch werden die Bilder einprägsamer.

8. Und vor allem: Setzen Sie sich innerlich nicht unter Druck, lassen Sie diese Übung ja nicht zum Stress werden. Stress blockiert unser Gedächtnis. Je entspannter und ungezwungener Sie an die Sache herangehen, umso besser werden die Ideen fließen.

Rechenaufgaben für Ihre Fantasie

Jetzt haben Sie sicher schon Routine im Herstellen von Verknüpfungen und brauchen meine Assoziationsvorschläge gar nicht mehr.

Auf den nächsten Seiten sehen Sie 15 gezeichnete Begriffspaare. In die leeren Felder neben den Paaren sollen Sie Ihre Assoziationen schreiben – oder auch zeichnen, ganz wie Sie möchten.

Wenn Sie damit fertig sind, gehen Sie die Begriffspaare noch einmal durch und sehen Sie jedes Assoziationsbild deutlich vor sich.

Uhr + Pinsel = _____?_____

Pfeife + Papier = _____?_____

Katze + Weinglas = _____?_____

Schlüssel + Garderobenständer =   ?

Briefkuvert + Ärmelaufschlag =   ?

Pilot + Jeep =   ?

Telefon + Restaurant =   ?

Auto + Koffer = ____?____

 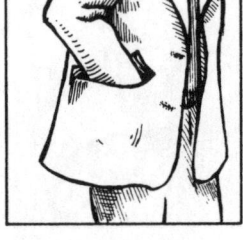

Bleistift + Manteltasche = ____?____

Notizblock + Briefmarke = ____?____

Papierkorb + Regenschirm = ____?____

Krawatte   +   Visitenkarte   =   _____?_____

 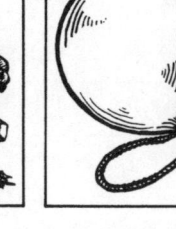

Taucher   +   Luftballon   =   _____?_____

Taschentuch   +   Tür   =   _____?_____

Nagel   +   Tisch   =   _____?_____

Sicher ist es Ihnen gar nicht schwergefallen, auch ohne meine Hilfe originelle Assoziationen zu finden.

Haben Sie auch wirklich bei jedem Assoziationspaar eine Verknüpfung und Ihr geistiges Bild intensiv und in allen Einzelheiten vor sich »gesehen«? Dann ist es Ihnen mit Sicherheit gelungen, sich die meisten – oder sogar alle – Paare einzuprägen. Machen Sie doch einmal die Probe:

Testen Sie Ihr Gedächtnis!

Pfeife _____ ☐

Pilot _____ ☐

Telefon _____ ☐

Uhr _____ ☐

Taschentuch _____ ☐

Schlüssel _____ ☐

Nagel _____ ☐

Notizblock _____ ☐

Katze _____ ☐

Taucher _____ ☐

Auto _____ ☐

Papierkorb _____ ☐

Briefkuvert _____ ☐

Bleistift _____ ☐

Krawatte _____ ☐

Und nun vergleichen Sie Ihr Testergebnis mit der Lösung unten.

Pfeife	–	Papier
Pilot	–	Jeep
Telefon	–	Restaurant
Uhr	–	Pinsel
Taschentuch	–	Tür
Schlüssel	–	Garderobenständer
Nagel	–	Tisch
Notizblock	–	Briefmarke
Katze	–	Weinglas
Taucher	–	Luftballon
Auto	–	Koffer
Papierkorb	–	Regenschirm
Briefkuvert	–	Ärmelaufschlag
Bleistift	–	Manteltasche
Krawatte	–	Visitenkarte

Wenn Sie zehn oder noch mehr Kopplungen richtig im Gedächtnis behalten haben, ist Ihr Erinnerungsvermögen schon recht gut. Und wenn Sie gar alle 15 noch wussten, steht Ihrer Karriere als Gedächtniskünstler nichts mehr im Wege!

Wenn Sie weniger als zehn Richtige haben, seien Sie nicht traurig. Dem einen gelingt es schneller, ein bildhaftes Vorstellungsvermögen zu entwickeln, der andere braucht etwas länger dazu. Der Erfolg stellt sich aber auf jeden Fall ein. Sobald Sie die Anfangsschwierigkeiten überwunden haben, werden Sie sich mit spielerischer Leichtigkeit Einkaufslisten, Termine, Telefonnummern, Vokabeln und noch vieles andere einprägen können. Sie dürfen nur jetzt nicht die Ausdauer verlieren.

Wenn Sie bei dem Test nicht so gut abgeschnitten haben, wie Sie es sich eigentlich gewünscht hätten, kann das nur zwei Gründe haben: Entweder es ist Ihnen nicht gelungen, wirklich originelle, ausgefallene Assoziationen zu bilden; oder Sie haben die Bilder nicht intensiv genug vor Ihrem inneren Auge gesehen.

Wenn Sie das Gefühl haben, dass Sie die Assoziationsbilder nicht deutlich oder nicht lange genug vor sich gesehen haben, machen Sie die Übung einfach noch einmal und versuchen Sie, die Bilder diesmal länger und deutlicher auf Ihre »innere Leinwand« zu projizieren.

Wenn Sie dagegen Schwierigkeiten mit der Herstellung fantasievoller Assoziationen hatten, sollten Sie sich die nächsten Seiten sehr aufmerksam ansehen. Dort finden Sie Vorschläge, wie man die Gegenstände auf lustige, originelle Weise miteinander verknüpfen könnte. Natürlich sind das nur Anregungen – für jedes Gegenstandspaar gibt es mindestens hundert verschiedene originelle Verknüpfungsmöglichkeiten!

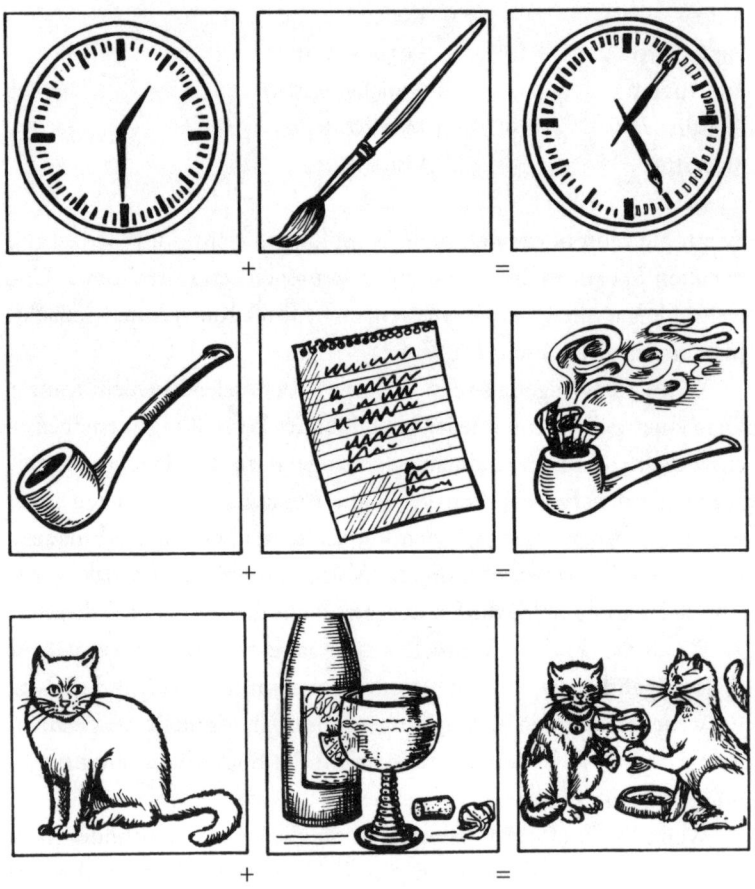

+ =

  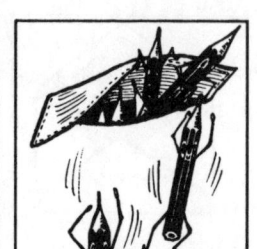

+ =

+ =

+ =

 +  =

 +  =

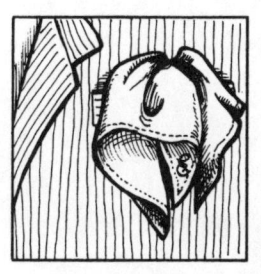 +  =

 +  =

Entnommen aus: Roland R. Geisselhart / Marion Zerbst: *Das perfekte Gedächtnis. Hinter jeder Stirn ein Superhirn.* Zürich: Orell Füssli Verlag, 6. Aufl. 1997 (S. 43 ff.).

3. Die TV-Sendung »Am laufenden Band« als Bilderkette

Wie Sie in Ihrer Vorstellung Bilder von Gegenständen miteinander verknüpfen und im Gedächtnis »Bilderketten« speichern

Viele Leser können sich vielleicht noch daran erinnern, dass von 1974 bis 1979 der holländische Showmaster Rudi Carell eine besondere Gedächtnisübung im Fernsehen veranstaltete. Jeder konnte am Bildschirm mitmachen, Rudi Carell hatte ein langes Fließband, auf das er ca. 20 aktuelle Gebrauchsgegenstände stellte. Dieses Fließband lief in Zeitlupe vorüber, und die im Studio anwesenden Teilnehmer durften alle Gegenstände, an die sie sich erinnern konnten, mit nach Hause nehmen.

Mit nur wenigen Stunden Gedächtnistraining gelingt Ihnen eine solche Übung natürlich spielend und Sie könnten zu Rudi Carell sagen: »Lieber Rudi, wie willst du deine 20 Sachen hören – vorwärts oder rückwärts oder außerhalb der Reihenfolge?« Kein Problem, denn wir haben alle Gegenstände bildhaft abgespeichert.

Anfangs könnten Sie diese Übung wie folgt ausprobieren. Nach einigem Üben geht dies dann immer schneller. Es geht los:

Auf dem laufenden Band erscheint als Erstes eine Waschmaschine. Gehen Sie sicher, dass Sie für ein paar Minuten Ruhe haben und ungestört sind. Stellen Sie sich nun die Waschmaschine groß, deutlich und dreidimensional vor Ihrem inneren Auge vor. Können Sie dieses vorgestellte Bild eine halbe Minute aufrechterhalten? Versuchen Sie es.

Sehen Sie Farbe und Firmenschild der Waschmaschine.

Fühlen Sie sich entspannt.

Jetzt zieht die Waschmaschine auf dem Band nach links vorüber, und es kommt auf dem Fließband von rechts ein Toaster. Sehen Sie den Toaster genauso klar und scharf umrissen vor Ihrem inneren Auge. Stellen Sie sich nun eine möglichst originelle Bildverknüpfung vor: Öffnen Sie die Waschmaschine, stecken Sie den Toaster in die Waschtrommel hinein. Schließen sie die Maschine wieder und schalten sie an.

Jetzt hören Sie zusätzlich noch Geräusche. Als Nächstes erscheint auf dem Band ein Rasenmäher. Nehmen Sie den Toaster aus der Waschtrommel wieder heraus, binden Sie ihn auf den Rasenmäher, fahren Sie einmal über die Wiese, und jetzt erhalten Sie grüne Toastbrötchen. Jetzt folgt ein Fernseher, den Sie ebenfalls mit auf den Rasenmäher stellen. Fahren Sie nun fernsehschauend und rasenmähend weiter über die grüne Wiese.

Nun erscheint ein Fahrrad auf dem laufenden Band, und Sie stellen sich vor, wie Sie mit viel Geschick den Fernseher an die Lenkstange des Fahrrades montieren, und nun haben Sie das erste Fahrrad mit Fernseher für die Kunstausstellung.

Bleiben Sie dran – Sie erreichen die erste Super-Leistung im Merken – ganz leicht!!

Danach sehen wir auf dem Band zwei Schwimmflossen, und Sie stellen sich vor, wie Sie mit den Schwimmflossen an den Füßen am Strand entlang Fahrrad fahren. Das geht sogar in Wirklichkeit.

Nun folgt ein Kühlschrank, und Sie stellen sich vor, wie Sie mit den nassen und sandigen Schwimmflossen klapp, klapp über den Kühlschrank spazieren.

Als Nächstes bringt uns das Band zwölf Lexika. Sie versuchen kurioserweise die zwölf Lexika-Bände in den Kühlschrank zu stellen. 11 Bände passen hinein, der zwölfte Band passt nicht mehr hinein, aber es folgt ein Mixer, und Sie stellen sich vor, wie Sie den zwölften Band zu Papiersalat durchmixen, und jetzt passt er in den Kühlschrank.

Danach sehen wir auf dem laufenden Band einen wunderschönen farbigen Reise-Prospekt für eine Reise in die Südsee mit Palmen auf dem Titelbild, und schon stellen Sie sich vor, wie Sie Ihren Mixer zollfrei mit auf die Reise nehmen und, dort angekommen, so spaßeshalber ein paar Palmblätter mixen.

Als Nächstes folgt Ihr Lieblingsauto, dieses parken Sie im Schatten unter der Palme, nun folgt ein Nerzmantel, diesen legen Sie auf den Beifahrersitz, weil es dort so heiß ist.

Jetzt sehen Sie auf dem Band eine Krokodilleder-Handtasche. Diese wickeln Sie in den Nerzmantel ein. Es folgt ein Paris-Prospekt, mit dem Eiffel-Turm darauf abgebildet und einem Gutschein für eine Sprachschule darin, und Sie stellen sich vor, wie Sie aus der Kroko-Tasche den Paris-Prospekt nehmen – oder noch origineller und bildhafter: Sie lassen die Kroko-Tasche vom Eiffelturm herabfallen, direkt in die offene Türe der Sprachschule.

Lassen Sie nun einmal das laufende Band weg und testen Sie noch einmal die Intensität Ihres Vorstellungsvermögens. Sehen Sie den Sprachlehrer Jean-Marc im Türrahmen der Sprachschule stehen und merken Sie sich einmal ohne Verknüpfung folgende zusätzliche Punkte: Jean-Marc trägt einen auffallend großen, schwarzen Schnauz-Bart, eine Rose im Knopfloch, unter dem linken Arm hält er einen Kassetten-Recorder, unter dem rechten Arm ein volles Kassetten-Etui. In der linken Hand hält er einen Schreibblock und in der rechten Hand einen Stift.

Außerdem steht er auf einem roten Perserteppich. Dieser hat weiße Fransen und ist mit zwei gelben Löwen bestickt, und diese haben zwei smaragdgrüne Augen.

Nun beginnt Ihr größtes Abenteuer der Fantasie der Superlative: Beginnen Sie bei der Waschmaschine und zählen Sie im Geiste alle Gegenstände wieder auf.

Sie können mehr als 20 Punkte gewinnen!

Versuchen Sie die Bilderkette jeweils einmal vorwärts und rückwärts aufzusagen (gehen Sie die Verknüpfungen notfalls ein zweites Mal mit mehr Vorstellungs-Konzentration durch).

Sie werden Ihr in der Schule ramponiertes Selbstwertgefühl wiedererlangen, den Geruch der ersten einfachsten Erfolgserlebnisse schnuppern, und Sie werden sich nach den ersten kleinen Leistungen,

die noch folgen, wesentlich besser fühlen und ausrufen: »Ich kann es!«
Dies ist nur der Anfang zur Weckung Ihres schlummernden Potenzials. Wecken Sie den Könner in sich zur vollen Entfaltung und bitte beachten Sie: Motivation ist alles.

Entnommen aus: Roland R. Geisselhart / Oliver Geisselhart: *Power-Tool Gedächtnis. Die Techniken der Weltmeister in einfachen Übungen.* Regensburg: Walhalla , 7., aktual. Aufl. 2011 (S. 22 ff.).

4. Länder und Städte

Wie Sie Länder- und Städtenamen zu Bildern umwandeln und durch Bildverknüpfung lernen

Jetzt wollen wir versuchen, zwischen Staat und Hauptstadt eine Bildverknüpfung herzustellen. Je bildhafter du dabei vorgehst, desto leichter wird es. Wenn dir spontan nicht gleich etwas einfällt, so nimm das erste, beste Bild, welches dir bei einem Land in den Sinn kommt. Vielleicht fallen dir bei Island die Island-Ponys, grüne Wiesen und Geysire ein. Wenn du bei Norwegen keine Landeskenntnisse und daher auch keine Bilder parat hast, so verbildere einfach das Wort

»Nor« – und – »wegen«!

Das könnte z. B. so gehen, ganz großzügig, in »verwegene Nordmänner« oder »wegen« des Schneefalls im »Nor«den ist es dort kalt, und schon hast du ein Bild. So fährst du mit allen Staaten fort und dann ebenso mit den Hauptstädten.

Übung:
Schaffe dir Bilder von Staaten und ihren Hauptstädten!
Fantasie ist notwendig. Viel Spaß dabei.

	Staaten	Hauptstädte
1.	Island	Reykjavik
2.	Norwegen	Oslo
3.	Schweden	Stockholm

	Staaten	Hauptstädte
4.	Finnland	Helsinki
5.	Dänemark	Kopenhagen
6.	Großbritannien	London
7.	Irland	Dublin
8.	Frankreich	Paris
9.	Belgien	Brüssel
10.	Niederlande	Amsterdam
11.	Deutschland	Berlin
12.	Polen	Warschau
13.	Russland	Moskau
14.	Luxemburg	Luxemburg
15.	Tschechien	Prag
16.	Schweiz	Bern
17.	Österreich	Wien
18.	Ungarn	Budapest
19.	Italien	Rom
20.	Rumänien	Bukarest
21.	Albanien	Tirana
22.	Bulgarien	Sofia
23.	Griechenland	Athen
24.	Türkei	Ankara
25.	Portugal	Lissabon
26.	Spanien	Madrid

Der Schweizer Lehrer Peter Wettstein aus Hombrechtikon veranstaltete in seiner 2. Realklasse (14-jährige Schüler) einen Test: Rund acht Monate, nachdem er das Thema »Europa« im Geografie-Unterricht behandelt hatte, fragte er die Hauptstädte der 27 Staaten ab. Die Schüler der Klasse konnten im Durchschnitt 14 richtige Hauptstädte nennen. Ein Schüler wusste noch alle 26. Das schlechteste Ergebnis waren vier richtig angegebene Städte.

Den Test wiederholte er, nachdem er mit seinen Schülern die Zweier-Verknüpfungen von Staat und Hauptstadt gedächtnistechnisch geübt hatte, z. B.:
- Auf einem Eisfeld (Island) wickeln sich viele Leute um das Reck (Reykjavik).
- Herr Buck (Lehrer aus dem Schulhaus) sitzt im Arrest (Bukarest). Vor Kummer trinkt er Rum und Anisschnaps (Rumänien).
- Spanien (Land des Stierkampfes). Eine Made ritt als Torrero in die Arena (Madrid).

Der Klassendurchschnitt der richtigen Antworten war eindeutig besser: Es gab 25 richtige Antworten (darunter siebenmal alle 26, nur einmal zwölf richtige Städte).

Ein halbes Jahr später, ohne dass weitere Wiederholungen gemacht worden waren, erbrachte einen Klassendurchschnitt von 20,5 Punkten (darunter zweimal 26 und zweimal 25). Das sind Resultate, die für sich sprechen.

Die deutschen Bundesländer mit ihren Hauptstädten

Eine leichte Übung hatten wir kürzlich mit einem 14-jährigen Hauptschüler auf Video aufgenommen. Hier nun der lustige Text der Verknüpfungen von Hauptstadt und jeweiligem Bundesland:

Mecklenburg-Vorpommern   Schwerin

Du stellst dir eine Wiese mit lauter *meckrigen* Ziegen vor. Diese Wiese musst du überqueren, weil dies dein Weg nach Hause ist. Es ist *schwer*, die Wiese mit den meckrigen Ziegen zu überqueren. Hast du dieses Bild im Kopf? Mit einem Bild kannst du es dir ganz gut merken. Schwerin ist die Hauptstadt von Mecklenburg-Vorpommern. Vorher fütterst du noch die Ziegen mit Pommes frites.

Brandenburg   Potsdam

Du stellst dir eine *Burg* vor, die *brennt* (Brandenburg). Nun holst du in einem *Pott* Wasser vom *Damm*. Mit dem Wasser im Pott vom Damm löschst du die brennende Burg. Kannst du dir das vorstellen? Die Hauptstadt von Brandenburg ist also Potsdam.

Sachsen-Anhalt   Magdeburg

In *Sachsen hältst* du *an* (Sachsen-Anhalt). Du fährst also mit dem Auto und hältst an, weil auf der *Burg* eine schöne *Magd* ist. Somit merkst du dir Magdeburg als die Hauptstadt von Sachsen-Anhalt.

Sachsen   Dresden

Wenn ich dir etwas Unerfreuliches *sage* (die Sachsen würden wahrscheinlich sagen *sache*), dann *drehst* du durch. Also, die Hauptstadt von Sachsen ist Dresden (durchdrehen).

Thüringen   Erfurt

Ich mache dir die *Tür* auf und lege einen Teppich aus, über den ich dich *ehrfürchtig* hinüberführe. Stell dir das bildlich vor, und du weißt dann genau, dass die Hautstadt von Thüringen Erfurt ist.

Schleswig-Holstein   Kiel

Du stellst dir folgendes Bild vor: Du fährst in einem Boot mit *Kiel* daran auf dem See und stößt auf einen *hohlen Stein*. Du *holst* den *Stein* und schließt ihn *weg* (einschließen). Die Hauptstadt von Schleswig-Holstein ist Kiel.

Hessen   Wiesbaden

Wenn du *abgehetzt* bist (Hessen), musst du erst in einer *Wiese baden*, um wieder frisch zu werden. Das ist lustig zu merken, und Wiesbaden ist die Hauptstadt von Hessen.

Saarland   Saarbrücken

Das ist ja ganz leicht. Im Saarland fließt die *Saar*, und über diesen Fluss führen viele *Brücken*. Das Saarland hat zur Hauptstadt Saarbrücken.

Bayern   München

Das weiß man bestimmt von der Fußball-Mannschaft *Bayern München*. Bayern hat also München zur Hauptstadt.

Baden-Württemberg Stuttgart

Baden tun wir in Württemberg in dem schönen Bodensee. Zum Baden nimmst du einen Apfel aus einem Obst*garten* mit und *studierst* ein Buch. Stuttgart ist die Hauptstadt von Baden-Württemberg.

Rheinland-Pfalz   Mainz

Im Rheinland, da gefällt's mir so gut, weil es *meins* ist (*mein Land*). Das ist ja ganz einfach, Mainz ist die Hauptstadt von Rheinland-Pfalz.

Niedersachsen   Hannover

Du fährst auf einem Mofa mit *Sachs*-Motor und *niedrigem* Sattel. So merkst du dir Niedersachsen. Auf dem Mofa hast du einen *han*dgestrickten warmen Pull*over* an, damit dich der Fahrtwind nicht kühlen kann. Also, die Hauptstadt von Niedersachsen ist Hannover.

Nordrhein-Westfalen Düsseldorf

Im *nördlichen Rheinland* gibt es lauter *fahle* Leute. Diese fahlen (bleichen) Leute wohnen in einem *dusseligen Dorf*. Hast du das Bild in deinem Kopf? Düsseldorf ist die Hauptstadt von Nordrhein-Westfalen.

So, jetzt hast du alle 16 Bundesländer mit den dazu gehörenden Hauptstädten gelernt. Du musst nur noch selbst lernen, lustige Verknüpfungen herzustellen. Je mehr Fantasie du in die Verknüpfung einbringst, desto besser ist der Lernerfolg. So macht das Lernen doch sicher mehr Spaß, oder?

Entnommen aus: Roland R. Geisselhart / Cordula Kießling: *Gute Noten mit legalen Spickzetteln. So lernen Kinder schneller und besser*. Zürich: Orell Füssli Verlag 2004 (S. 94 ff.).

5. Ihr Ordnungssystem fürs Gehirn: die Zahlensymbole der Geisselhart-Methode

So merken Sie sich durch Zahlensymbole Listen aller Art

Spielend Listen, Abläufe und Termine merken

Ordnungssysteme
Haben Sie sich schon einmal gefragt, warum wir uns im Haushalt, in der Werkstatt und hoffentlich auch im Büro Ordnungssysteme eingerichtet haben? Gut, vielleicht denken Sie jetzt: nicht jeder oder zumindest manche nur mehr oder weniger. Aber wir Menschen haben diese Ordnungssysteme. Dadurch finden wir schneller, was wir suchen. Also alles ganz normal. Ja ja,

weil Sie es nicht anders kennen. Von klein an wird uns beigebracht, wir sollen unser Zimmer aufräumen, unseren Schulranzen ausmisten und unseren Kleiderschrank in Ordnung halten. Später, wenn wir selbst eine Wohnung oder ein Haus besitzen, richten wir sie oder es mit Möbeln ein, um u. a. Ordnung zu halten, also mit Schränken, Regalen und dergleichen. Nur im Kopf haben wir so etwas nicht!

Was wäre, wenn wir nun von klein an gelernt hätten, auch in unserem Kopf Ordnung zu schaffen bzw. zu halten? Dann wäre ich mit meinem jetzigen Beruf, Gedächtnis- und Mentaltrainer, zum

Teil arbeitslos. Die Mentaltrainingskomponente wäre weiterhin gefragt – also: Wie finde ich für mich die richtigen Ziele, wie wecke ich mein volles Potenzial, wie programmiere ich mich auf das, was für mich Erfolg bedeutet, und wie erreiche die gesteckten Ziele dann tatsächlich? Aber auch: Wie gehe ich mit Niederlagen um und wie baue ich mich wieder auf und gehe meinen Weg weiter? All dies wäre weiterhin gefragt. Aber Gedächtnistraining, und damit auch dieses Buch, brauchte niemand mehr, weil es jeder in der Schule gelernt hätte.

> *Was Sie gleich kennenlernen werden, ist nichts anderes als ein Ordnungssystem fürs Gehirn. Und das ist schon eine ganze Menge. Zumindest bringt es Sie sehr, sehr weit nach vorne.*

Memory spielen

Die Grundlage hierbei ist wieder das Denken in Bildern. Allein damit steigern Sie Ihre Merkfähigkeit schon um Längen. Alle, die schon einmal gegen Kinder Memory gespielt haben, können das sehr wahrscheinlich bestätigen. Kinder sind uns Erwachsenen in aller Regel beim Memory-Spielen haushoch überlegen. Viele Erwachsene denken zu verstandesorientiert, also z. B.: Drei rüber und vier runter, da liegt die Karte mit der Tomate. Für unser Gedächtnis ist das allerdings zu kompliziert. Kinder denken hier in den meisten Fällen in Bildern. Sie sehen die gemerkte Karte an einer bestimmten Stelle im »Bild«, hier also das Spielfeld bzw. das Gebilde, welches durch die liegenden Karten beschrieben ist. Und allein dadurch sind Kinder die besseren Memoryspieler.

Kinder haben uns aber in punkto Gedächtnistechniken noch etwas voraus: Sie lassen ihre Kreativität freier fließen als die meisten Erwachsenen.

Da sind wir auch schon wieder bei den zwei Voraussetzungen, die Sie mitbringen bzw. entwickeln sollten: Erstens sollten Sie Bilder im Geiste sehen können. Und zweitens sollten Sie verrückt oder kreativ denken können. Falls Sie meinen, dies sei aber schwierig und so gar nicht Ihre Sache, so werden Sie bei den nächsten Übungen mit an Sicherheit grenzender Wahrscheinlichkeit eines Besseren belehrt. Diese Fähigkeiten lassen sich nämlich schnell und einfach wieder wecken. Als Kind konnten Sie es ja schon, es ist lediglich etwas verschüttet. Also, freuen Sie sich auf Ihre neue, alte Kreativität.

Die nun folgenden Zahlensymbole haben gegenüber der sogenannten Kettentechnik – dem Verknüpfen der ersten Information mit der zweiten, der zweiten mit der dritten, der dritten mit der vierten usw. – den Vorteil, dass die Kette nicht gleich reißt, wenn Ihnen ein Punkt fehlt. Das heißt, es fehlt Ihnen eben nur ein Punkt. Das ist zwar nicht sehr schön, aber kein Beinbruch. Sie wissen ja: Perfektion weckt Aggression, und einen Fehler einmalig zu machen, ist o.k. Bei der Kettentechnik verhält es sich ja so, dass Sie meist nicht wissen, wie viele Punkte Ihnen fehlen. Meist fehlen ein paar, und Sie finden den Einstieg ein Stück weiter hinten wieder. Nur, für viele Menschen ist es ärgerlich, nicht zu wissen, wie viele fehlende Elemente es denn nun sind. Wichtiger ist allerdings, dass Sie sehr wahrscheinlich noch mehr gewusst hätten, aber es fehlt die Verbindung durch den einen vergessenen Punkt.

Nun, mit den Zahlensymbolen sind wir hier auf der sicheren Seite. Klasse ist hierbei noch, dass Sie selektiv auf einzelne Punkte zugreifen können – sehr schön beispielsweise bei Vorträgen oder Gesprächen. Sie können dann zwischen den einzelnen Stichpunkten, welche Sie sich gemerkt haben, um diese im Gespräch anzubringen, hin- und herspringen, äußerst flexibel reagieren und natürlich agieren.

Die Zahlensymbole

Grundlage der Zahlensymbole ist, wie schon erwähnt, das Bilderdenken. Bei der Geisselhart-Methode ist jeder Zahl ein Symbol, also ein Bild, zugeordnet. Dieses Symbol lässt von der Gestalt her sehr einfach auf die entsprechende Zahl schließen. So sieht die Zwei von der Form her aus wie ein Schwan, und die fünf Finger der Hand erinnern uns sofort an die Zahl Fünf. Auch die restlichen Bilder sind ziemlich eingängig.

Ihr Ordnungssystem fürs Gehirn:

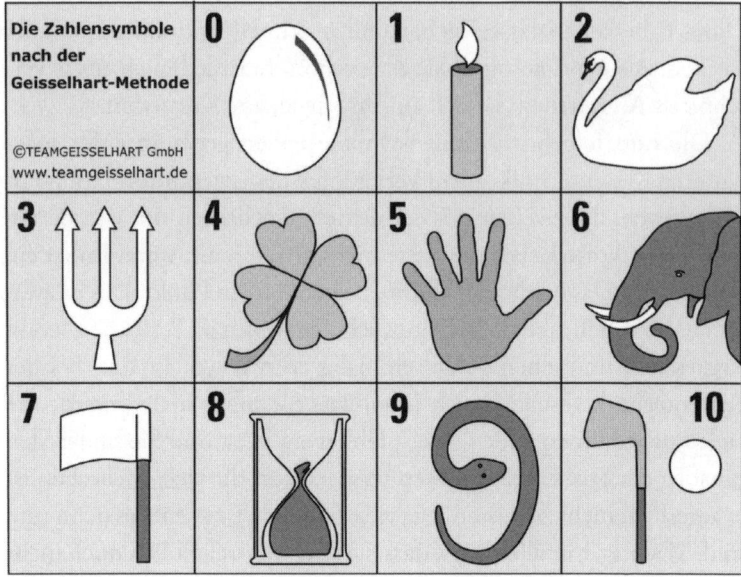

So einfach kann es sein. Dies wird in Zukunft Ihr Ordnungssystem fürs Gehirn sein, also praktisch Ihr Hirn-Regal mit zehn Fächern. Die Null ist hier nur der Vollständigkeit halber abgebildet. Wir brauchen sie erst wirklich, wenn es ums Merken von Zahlen geht.

Und so erklären sich die Symbole:
- Die Null sieht von der Form her aus wie ein Ei,
- die Eins wie eine Kerze.
- Der Schwan erinnert uns an die Zwei.
- Der Dreizack hat drei Zacken,
- das Kleeblatt vier Blätter und
- die Hand fünf Finger.
- Der Rüssel des Elefanten sieht aus wie die Sechs und
- die Fahne erinnert uns von der Form her an eine Sieben.
- Die Acht erkennen wir in der Sanduhr wieder.
- Die Schlange kringelt sich zur Neun.
- Der Golfschläger mit Ball steht für die Zehn.

Sollten Sie sich jetzt fragen, warum die Zehn nicht aus Kerze und Ei zusammengesetzt wird, so will ich Ihnen dies sagen: Da es sich bei den Zahlensymbolen um unser Ordnungssystem fürs Gehirn handelt, müssen wir auch so damit umgehen. Das heißt, ein Schrankfach kann nicht an einer anderen Stelle wieder auftauchen. Die Kerze ist belegt. Wir würden also in ein und derselben Liste heillos durcheinanderkommen, würde an der zehnten Stelle auf einmal wieder die Kerze auftauchen. Sobald wir an die Kerze denken, würde der Begriff präsent sein, welcher ganz zu Beginn bei der Kerze abgespeichert wurde. Die Kerze ist also schon »voll«.

Kategorien bilden

Nichtsdestotrotz können Sie jedes Symbol beliebig oft belegen und behalten trotzdem den Überblick. Sie könnten zehn oder hundert verschiedene Listen mit denselben Symbolen speichern und wüssten immer sicher, was Sie sich z. B. bei der Sanduhr in Ihrer 85. Liste gemerkt haben. Einzige Voraussetzung dafür ist: Sie müssen Kategorien bilden. Unser Gehirn sortiert diese automatisch. Also, zwei Erledigungslisten mit lediglich anderen Inhaltspunkten würden uns, am selben Tag abgespeichert, durcheinanderbringen. Es handelt sich hierbei um die gleiche Kategorie, nämlich Erledigungen. Eine To-do-Liste und eine Argumenteliste beispielsweise für eine wichtige Verhandlung funktionieren hervorragend. Hier sind es ja zwei völlig unterschiedliche Kategorien, eben Erledigungen und Argumente.

Bei den nächsten Übungen wird diese Theorie auch praktisch bewiesen und dabei vielleicht noch klarer. Machen Sie sich an dieser Stelle nicht zu viele Gedanken. Wir machen erst einmal ein paar praktische Übungen, und Sie erkennen, wie genial und auch wie einfach es mit den Zahlensymbolen der Geisselhart-Methode funktioniert. Lassen Sie sich von Ihrem eigenen Gedächtnis verblüffen.

Tagesplan

Beginnen wir mit einem Tagesplan. Eine To-do-Liste mit zehn Erledigungen gilt es abzuspeichern. Die nötigen Verknüpfungen gebe ich hier noch vor. Sie brauchen also erst einmal nur zu visualisieren. Schließen Sie dazu bitte nach jedem Punkt Ihre Augen und stellen Sie sich die von mir beschriebenen Szenen so deutlich und lebhaft vor, wie Ihnen dies möglich ist. Und bitte nicht verzagen, wenn Sie es nicht sofort in Super-Technicolor-Dolby-Surround sehen. Wenn Sie sich nach der Übung an sechs oder mehr Aufgaben erinnern können, klappt es für den Anfang schon sehr gut. Der Rest kommt schnell durch die weiteren Übungen.

Der wandelnde Kalender: eine To-do-Liste wird abgespeichert
1. Für einen Kunden wollen Sie ein Präsent kaufen.
2. Sie brauchen für die Geschäftsreise den Anzug aus der Reinigung.
3. Ihr Paket muss zur Poststelle gebracht werden.
4. Der Tisch für das Mittagessen muss reserviert werden.
5. Sie haben ein Mitarbeitergespräch.
6. Sie wollen Konzertkarten bestellen.
7. Der Zahnarzttermin passt nicht und muss abgesagt werden.
8. Sie wollen noch den Zahlungseingang einer Rechnung prüfen.
9. Ihr Rechner soll vom Support gecheckt werden.
10. Sie wollen die Folien für eine Präsentation ausdrucken.

Nun verknüpfen wir den ersten Punkt mit der Kerze, den zweiten mit dem Schwan, den dritten mit Dreizack usw. – und zum Schluss den zehnten mit dem Golfschläger. Sie brauchen beim Golfschläger nicht immer zwingend den Ball dazu. Nach einigen Anwendungen werden Sie automatisch bei Golf oder Golfschläger an die Zehn denken.

Die gleich folgenden Verknüpfungen werden zum Resultat haben, dass Ihnen, wenn Sie an die Kerze denken, automatisch die damit verknüpfte Erledigung einfällt und beim Schwan die Aufgabe, welche Sie mit ebendiesem Schwan verknüpft haben.

Natürlich können Sie selbst Verknüpfungen kreieren. Am Anfang ist es nur so, dass die meisten Seminarteilnehmer noch nicht so weit sind. Deshalb kommen sie ja ins Seminar. Mein Tipp lautet hier also:

Machen Sie erst mal meine Verknüpfungen mit. Bei den nächsten Übungen können Sie sich dann selbst ans Werk machen.

Die Verknüpfungen könnten folgendermaßen aussehen:

1. Für einen Kunden wollen Sie ein Präsent kaufen
Wir müssen also diese Erledigung mit der Kerze bildhaft und auf möglichst skurrile, »merk-würdige« Art und Weise verknüpfen. Verknüpfungsvorschlag: Ein schön verpacktes Geschenk mit Schleife darum und natürlich einer schicken Kerze darauf. Die Kerze brennt, das Wachs fließt und bedeckt bald das ganze Präsent. Schöne Bescherung. Bitte die Geschichte unbedingt vor Ihrem geistigen Auge sehen.

2. Sie brauchen für die Geschäftsreise den Anzug aus der Reinigung
Verknüpfungsvorschlag: Stellen Sie sich vor, Sie stehen in der Reinigung, als ein Schwan hereinkommt, den Abholzettel im Schnabel, um seinen gereinigten Anzug abzuholen. Er bekommt den Anzug mit dem Haken des Kleiderbügels um den Hals gehängt und erhebt sich sogleich mit seiner Fracht in die Lüfte.

Wenn dies tatsächlich passiert wäre, würden Sie diese Begebenheit mit Sicherheit Ihr Leben lang behalten. Sie würden die Story wahrscheinlich niemandem erzählen, aber Sie würden sie sich merken. Jedes Mal, wenn Sie einen Schwan sehen, müssten Sie an die Reinigung denken. Und umgekehrt: Bei jeder Reinigung würden Sie an den Schwan erinnert – automatisch. Augen schließen und Filmchen sehen.

3. Ihr Paket muss zur Poststelle gebracht werden
Verknüpfungsvorschlag: Malen Sie sich aus, wie Sie wegen Ihres Pakets zur Poststelle gehen. Der Postbedienstete holt einen Dreizack

hinter dem Tresen hervor, spießt Ihr Paket auf und schleudert es auf die Waage. Dann befördert er es weiter auf einen Haufen mit vielen Päckchen und Paketen. Alle sind von dem Dreizack gelöchert und beschädigt. Und wieder: Film schauen.

4. Der Tisch für das Mittagessen muss reserviert werden
Verknüpfungsvorschlag: Sie wollen natürlich in das Restaurant »Klee« gehen. Sehen Sie den Eingangsbereich des Restaurants, wo statt eines Teppichs Tausende Kleeblätter auf dem Boden liegen, schön weich. Die Tische sind ebenfalls mit einer dünnen Erdschicht mit darauf wachsendem vierblättrigem Klee bedeckt. Das ist praktisch, sie können die Suppe direkt mit dem Klee würzen und dekorieren. Auch hier wieder: Kopfkino einschalten.

5. Sie haben ein Mitarbeitergespräch
Verknüpfungsvorschlag: Stellen Sie sich vor, Ihr Mitarbeiter kommt zu Ihnen herein und gibt Ihnen die Hand. Aber Ihre Hände lassen sich nicht mehr lösen. Der Mitarbeiter hatte sie mit Superkleber bestrichen. Er lässt Sie erst wieder gehen, wenn Sie seinen Ideen zugestimmt haben. Film sehen.

6. Sie wollen Konzertkarten bestellen
Verknüpfungsvorschlag: Die Musiker sind Elefanten, die mit ihren Rüsseln trompeten. Elefanten mit großen Rüsseln spielen Bass, Elefanten mit kleinen singen Alt und Sopran. Auf den Stoßzähnen haben die Elefanten die Konzertkarten aufgespießt. Und das Ganze wieder im Geiste sehen.

7. Der Zahnarzttermin passt nicht und muss abgesagt werden
Verknüpfungsvorschlag: Ihr Zahnarzt schreibt die Termine auf Fahnen und gibt sie den Patienten mit. Der Termin auf Ihrem Wimpel kommt Ihnen ungelegen. Da der Zahnarzt genau im Gebäude gegenüber sitzt, schleudern Sie den Wimpel hinüber in seine Praxis. Sie freuen sich, als Sie ein neues Fähnchen mit einem Ihnen passenden

Termin zurückgeworfen bekommen. Bitte die Szene wieder lebhaft vorstellen.

8. Sie wollen noch den Zahlungseingang einer Rechnung prüfen
Verknüpfungsvorschlag: Das Geld aus den bezahlten Rechnungen Ihrer Kunden wird in eine überdimensionale Eieruhr hineingekippt. Sie haben an der engsten Stelle der Eieruhr einen Schieberegler, mit dem Sie den Geldfluss stoppen und dadurch den Zahlungseingang einer Rechnung prüfen können. Und wieder bitte geistig sehen.

9. Ihr Rechner soll vom Support gecheckt werden
Verknüpfungsvorschlag: Damit die Rechner zur Diagnose nicht mühsam geöffnet werden müssen, haben die Techniker speziell dressierte Schlangen, die durch die Lüftungsschlitze des Rechners in das Innere kriechen, alles checken und mit der Diagnose wieder zurückkommen.
Kleine Fehler, wie wacklige Kabel, beheben die Schlangen sofort. Sieht ulkig aus, nicht wahr?

10. Sie wollen die Folien für eine Präsentation ausdrucken
Verknüpfungsvorschlag: Weil Ihr Drucker zu weit entfernt steht, nehmen Sie Ihre Golfausrüstung und spielen den Golfball mit einem kräftigen Schlag auf den Knopf für »Drucken«. Die Folien für die Präsentation schießen danach nur so heraus. Den letzten Punkt auch noch im Geiste angucken, dann war es das auch schon.

Wenn Sie sich alle Szenen im Geiste vorstellen konnten, wenn Sie sich dabei eventuell auch öfters wundern mussten und wenn Sie vielleicht sogar das eine oder andere Mal etwas gehört und Gefühle gespürt haben, dann müssten Sie gleich sehr erfolgreich sein. Halten wir also fest:

Je mehr Sinnesorgane Sie einbringen, je echter Sie die jeweiligen Filmchen sehen, desto besser sind diese dann auch abgespeichert.

Schauen wir mal, wie viele Sie sich merken konnten. Tragen Sie dazu bitte unten in die dafür vorgesehenen Zeilen die entsprechenden Erledigungen ein. Dies reicht stichpunktartig und sinngemäß. Danach vergleichen Sie bitte Ihr Ergebnis mit der Originalliste auf Seite 70.

Ihre Lösungen

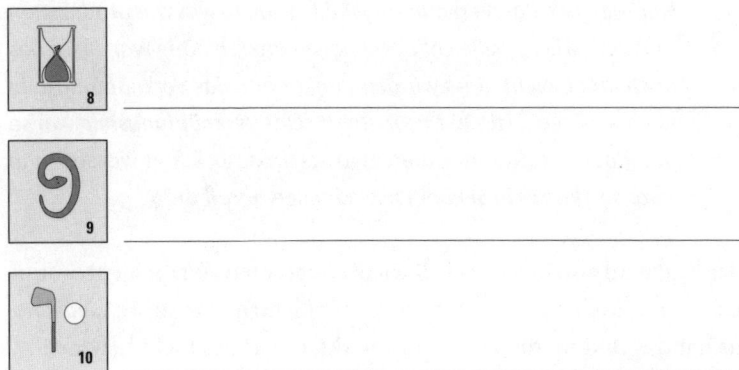

Na, wie viele wussten Sie noch? Darf ich gratulieren? Wie oben schon erwähnt, wäre dies ab sechs Richtigen der Fall. Vielleicht haben Sie aber auch mehr, vielleicht sogar alle? Dies muss aber nicht sein. Sie erinnern sich: Perfektion weckt Aggression. Sollten Ihnen ein paar Punkte durchgerutscht sein, gehen Sie diese einfach noch ein zweites Mal durch. Dann müsste es klappen.Nun denken Sie wahrscheinlich: »Na ja, es waren ja hier auch die Zahlensymbole vor jeder Zeile. Allein um auf das jeweilige Zahlensymbol zu kommen, muss ich ziemlich lange überlegen.« Dies ist in einigen Fällen sicher richtig. Und wenn Sie bedenken, wie lange Sie dabei sind, stellen Sie fest, wie gut Sie in Bezug auf diese kurze Zeit schon geworden sind. Mit der weiteren Anwendung werden Ihnen die Zahlensymbole schnell in Fleisch und Blut übergehen. Dann brauchen Sie nicht mehr zu überlegen, welches Symbol jetzt noch mal die Acht war.

Das Verknüpfungsbild ist notwendig

Vielleicht fiel Ihnen aber auch auf, dass Sie bei der einen oder anderen Erledigung vordergründig gar kein Bild brauchten. Sie wussten es einfach? So geht es vielen meiner Seminarteilnehmer. Sie meinen dann, sie hätten sich die Verknüpfungen sparen können. Dies ist sehr trügerisch.

Nur weil wir das Verknüpfungsbild nicht bewusst reproduzieren mussten, wie es vielleicht bei einigen Punkten nötig war, heißt das noch lange nicht, dass wir den Punkt ohne das Verknüpfungsbild noch wüssten. Vielmehr bedeutet es: Das Verknüpfungsbild war so gut, dass es sofort im Unterbewusstsein gespeichert wurde – und zwar so, dass es in Sekundenbruchteilen abrufbar ist.

Das Bild wird also in jedem Fall wieder abgerufen. Wenn nicht, könnten wir uns nicht daran erinnern. Unser Gehirn bzw. unser Gedächtnis hat das Bild reproduziert, nur merkten wir dies nicht bewusst!

Entnommen aus: Oliver Geisselhart: *Kopf oder Zettel? Ihr Gedächtnis kann wesentlich mehr als Sie denken*. Offenbach: GABAL Verlag, 5., erw. Aufl., 2013 (S. 36 ff.).

6. Die Zahlensymbole von 11 bis 20

Im vorigen Kapitel haben Sie die Zahlensymbole von 0 bis 10 kennengelernt: Hier folgen die nächsten zehn:

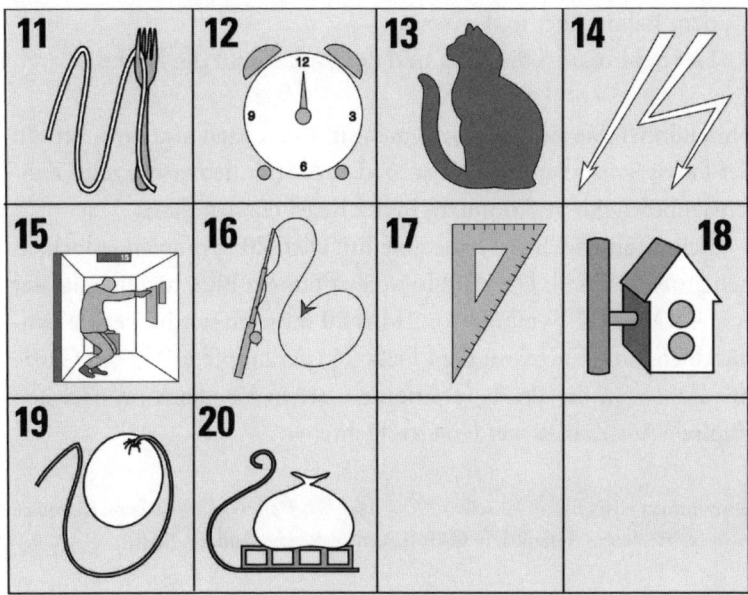

Der Vollständigkeit halber die entsprechenden Erklärungen:
- Die gekochte Spaghettinudel sieht, so wie sie über der Gabel hängt, von der Form her aus wie die Elf.
- Beide Zeiger des Weckers stehen auf der Zwölf.
- Die Katze macht mit dem Schwanz die Eins und der hintere Umriss ihres Körpers sieht aus wie eine Drei. Außerdem soll eine schwarze Katze Unglück bringen, die Zahl 13 ja angeblich auch.

- Der gerade Blitz ist die Eins, der gezackte die Vier.
- Der Aufzug hält im 15. Stock. Die schraffierte Wand des Liftes symbolisiert die Eins. Zusätzlich macht die Person im Aufzug mit dem ausgestreckten Arm und der Tasche am Knie die Fünf.
- Die Angelrute ist die Eins, der Haken die Sechs.
- Die linke, lange und gerade Seite des Zeichendreiecks ist die Eins, der hintere Teil sieht aus wie eine Sieben.
- Der Baum oder Stock, an welchem das Vogelhäuschen hängt, stellt die Eins dar, Ein- und Ausgang im Häuschen die Acht.
- Die Schnur erinnert uns an die Eins. Sie geht dann zusammen mit dem Ballon über in die Neun.
- Der Schlitten ist die Zwei und der Sack darauf die Null.

Nun können Sie sich also noch mehr in Ihre Listen hineinpacken. In der Praxis ist es allerdings meist so, dass Sie mit den ersten zehn Zahlensymbolen gut auskommen. In der Regel reichen diese.

Beim Zahlenmerken haben Sie mit allen 20 Symbolen jedoch einen großen Vorteil: Die Zahl 16 ist jetzt nur ein Bild, nämlich das der Angel. Ohne die Symbole von 11 bis 20 müssten wir hier etwas umständlicher die Kerze mit dem Elefanten verknüpfen. Wie das Ganze mit Zahlen in der Praxis funktioniert, sehen Sie gleich im nächsten Kapitel »Aus Zahlen werden Geschichten«.

Entnommen aus: Oliver Geisselhart: *Kopf oder Zettel? Ihr Gedächtnis kann wesentlich mehr als Sie denken*. Offenbach: GABAL Verlag, 5., erw. Aufl. (S. 50 ff.).

7. Aus Zahlen werden Geschichten

So behalten Sie schnell und sicher Termine, PINs und Telefonnummern

Zahlen behalten ist für Sie jetzt schon ein Kinderspiel. Sie werden sehen. Die Technik dafür beherrschen Sie schon sehr gut: verbildern und verknüpfen.

Zahlensymbole miteinander verknüpfen

Nach Ihrem Training durch die Pärchenspiele bzw. Verknüpfungsspiele am Anfang dieses Buches ist Ihre Kreativität angeregt, und wir können starten. Es ändert sich nichts: Wir verknüpfen wieder auf möglichst skurrile Art und Weise. Diesmal allerdings sind es nur die Zahlensymbole untereinander, die verknüpft werden. Na ja, so ganz stimmt das auch nicht. Die Person, deren Telefonnummer Sie sich merken möchten, muss mit in die Geschichte integriert werden. Sonst hätten Sie am Ende lauter Zahlen im Kopf und könnten diese nicht zuordnen, wüssten also nicht, wozu die einzelnen Nummern gehören.

Ein kleines Beispiel vorweg. Stellen Sie sich folgende Geschichte vor: Sie stehen in einer Bank. Da geht die Tür hinter Ihnen auf, und ein Schwan kommt herein. Er hebt seinen linken Flügel und holt dort einen Dreizack hervor. Damit spießt er dann die Kerze, die auf dem Banktresen steht, auf und hält Sie Ihnen unter die Hand, bis Ihre Finger ganz heiß werden. Na, welche Zahl war das wohl?

Schreiben Sie die Zahl bitte auf: _____

Und tippen Sie mal, wozu sie gehört. Es ist die Geheimzahl der Bankkarte für diese Bank. Deshalb spielte sich die komplette Geschichte auch in der Bank ab. Die richtige Geheimzahl lautet übrigens: 2315. Aber das wissen Sie bereits.

Ganz aufmerksame Gedächtnisprofis werden jetzt einwenden: »Moment mal, die Eins und die Fünf kann ich doch zusammenfassen als 15. Damit hätte ich nur ein Bild statt zweien wie bei Kerze und Hand, nämlich den Aufzug. Dadurch erspare ich mir eine Verknüpfung und bin schneller.« Genau, stimmt. Aber Sie wissen auch: Perfektion weckt Aggression! Und bei dieser Story gefällt es mir persönlich so besser. Natürlich hätte der Schwan auch mit dem Dreizack in den Aufzug der Bank steigen können. Jeder, wie er's mag.

Mit den nächsten Übungen können Sie Ihr Zahlengedächtnis noch ein bisschen trainieren. Viel Spaß und Erfolg dabei. Meine Verknüpfungstipps finden Sie wie gewohnt weiter unten.

> Lassen Sie sich zu den Zahlen lustige und vor allem »merk-würdige« Filmchen einfallen. Sehen Sie diese wieder so deutlich, wie es Ihnen möglich ist, vor Ihrem geistigen Auge. Und ganz wichtig: Das Handy, die Bankkarte und der Aktenkoffer müssen die Hauptrollen in den jeweiligen Szenen spielen!

Und nun zwei Übungen auf einmal.

PINs und Geheimnummern immer parat
- PIN eines Handys: 1063
- Geheimnummer für eine Bankkarte: 2495
- Zahlenkombination für einen Aktenkoffer: 679

Telefonbuch im Kopf
- Telefonnummer eines Freundes: 151463
- Telefonnummer einer Firma: 6349794
- Handynummer eines Kunden: 0153/5920615

Wenn Ihre Storys gut waren und Sie diese im Geiste gesehen haben, wenn Sie sogar noch den »Merkturbo«, also Gefühle, eingeschaltet haben, kann nichts mehr schiefgehen. Tragen Sie also bitte die gesuchten Zahlen ein und prüfen Sie, ob diese stimmen. Und, aufgepasst: Ist eine Ziffer in der Zahlenreihe falsch, ist leider die ganze Zahl falsch. That's life! Sie hätten nie den richtigen Gesprächspartner am Telefon. Sie können allerdings auch gnädiger zu sich sein und sich freuen, wenn die Zahl fast richtig ist. Mit etwas Übung kriegen Sie das auch noch in den Griff. Sie müssen ja auch nicht jede Zahl komplett richtig haben. Drei komplett richtige sind schon gut, vier richtige sind klasse, fünf top und alle sechs, na ja, wecken Aggression. Also, ran:

Ihre Lösungen

PIN eines Handys: _____

Geheimnummer für eine Bankkarte: _____

Zahlenkombination für einen Aktenkoffer: _____

Haben Sie mit vorne verglichen? Und, sind Sie zufrieden mit sich? Wenn Sie Schwierigkeiten hatten mit den Geschichten, was übrigens normal wäre, schauen Sie sich meine Verknüpfungsvorschläge an und starten erneut. Es braucht schon ein bisserl Übung. Übrigens, haben Sie mal überlegt, wie viel bzw. wie wenig Zeit Sie sich erst mit der Geisselhart-Methode beschäftigen? Dafür klappt es doch schon prima, oder nicht? Auf welchem anderen Gebiet machen Sie so schnell Fortschritte? Wenn Ihnen eins einfällt, melden Sie sich bitte bei mir. Meine Adresse finden Sie ganz hinten im Buch.

So, und hier nun noch meine Vorschläge:

1063 – PIN eines Handys
Sie schleudern Ihr *Handy* mit dem *Golfschläger* (10) durch die Luft. Dabei treffen Sie einen *Elefanten* (6). Dieser wehrt Ihr *Handy* aber

gerade noch rechtzeitig mit einem *Dreizack* (3) ab und spießt es auf. Etwas verdutzt überreicht er Ihnen Ihr *Handy* dann wieder.

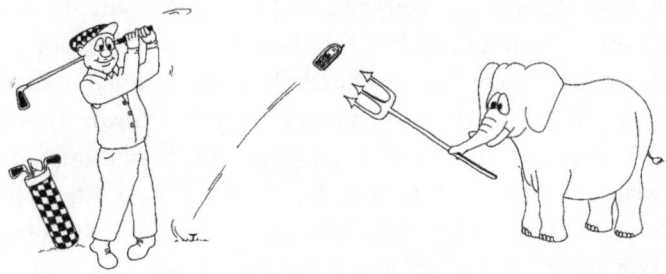

2495 – Geheimnummer für eine Bankkarte
In der zur *Karte* gehörenden Bank ist der Fußboden mit Rasen ausgelegt. Ein *Schwan* (2) läuft auf dieser Wiese durch die *Bank*. Er erkennt in Windeseile *vierblättrige Kleeblätter* (4). Er pflückt und sammelt sie. Dabei wird eine *Schlange* (9) aufgescheucht. Diese fangen Sie mutig mit Ihrer *Hand* (5) und überreichen Sie dem Bankdirektor.

679 – Zahlenkombination für einen Aktenkoffer
Vorsichtig öffnen Sie in Gedanken den *Aktenkoffer*. Sie sehen darin einen kleinen Elefanten (6) umherlaufen, der einen *Wimpel* (7) trägt. Mit dessen spitzem Ende spießt er eine *Schlange* (9) auf und setzt sie behutsam außerhalb des *Aktenkoffers* ab.

151463 – Telefon-Nr. eines Freundes
Stellen Sie sich vor, Sie wollen Ihren *Freund* besuchen. In dem Haus dort gibt es einen *Aufzug*. (Macht nichts, wenn es den in Wirklichkeit nicht gibt, Sie sehen ihn in Ihrer Fantasie. Ist es ein Bungalow, kann man mit dem Aufzug halt nach unten fahren in den Keller, weiter in die Tiefgarage bis in den Atombunker.) Sie sehen also den *Aufzug* (15), der gerade ankommt und die Türen öffnet. Ihr Freund sitzt darin. In dem Moment kommt aus dem Aufzug ein Donnern und Grollen, und *Blitze* (14) zucken Ihnen entgegen. Ihren Freund verfehlen diese knapp. Dann kommt ein *Elefant* (6) und packt Ihren Freund mit dem

Rüssel auf seinen Rücken. Kaum sitzt er richtig, schleudert Ihnen der Elefant einen *Dreizack* (3) mit dem Rüssel entgegen.

6349794 – Telefonnummer einer Firma

In Ihrem Kopfkino sehen Sie die *Firma* auf einem parkähnlichen Grundstück liegen. In diesem Garten grast ein *Elefant* (6). Er hat einen *Dreizack* (3) im Rüssel und spießt damit *vierblättrige Kleeblätter* (4) auf. Eine *Schlange* (9), die sich dort versteckt hält, erkennt die Gefahr und winkt mit einem *weißen Friedensfähnchen* (7). Als wieder Ruhe eingekehrt ist, kommt noch eine *Schlange* (9) dazu und frisst sich am *Klee* (4) satt.

0153/5920615 – Handynummer eines Kunden

Die ersten beiden Zahlen 0 und 1 brauchen Sie sich nicht zu merken, Sie wissen ja bereits, dass jede Handynummer mit 01 beginnt. Stellen Sie sich nun diesen bestimmten *Kunden* (jetzt natürlich eine fiktive Person) vor. Während Sie diesen Kunden betrachten, sehen Sie erstaunt, wie sich dessen *Hand* (5) in einen *Dreizack* (3) verwandelt. Dann sehen Sie auf seine andere *Hand* (5), auch sie verwandelt sich, aber in eine *Schlange* (9). So bewaffnet dreht sich Ihr Kunde um und sieht einen großen *Schlitten* (20) vor sich stehen. Auf dem Schlitten sitzt ein *Elefant* (6). Dieser kutschiert Ihren Kunden auf eine Tür zu. Die Tür öffnet sich automatisch, und Sie erkennen jetzt, dass es sich um einen *Aufzug* (15) handelt. Darin verschwindet das Gespann.

Info-Center – Termine, Geburtstage und Jubiläen im Kopf

Umzugstag: 1.3.
Sehen Sie vor Ihrem inneren Auge, wie der Umzugswagen schon sehr früh kommt, es ist noch dunkel draußen. Deshalb wird der Umzugswagen mit *Kerzen* erleuchtet. Diese sind mit je einem *Dreizack* am Umzugs-LKW befestigt.

Geburtstag Ihres Vorgesetzten oder Mitarbeiters: 13.11.63
Stellen Sie sich Ihren *Vorgesetzten/Mitarbeiter* vor: Er hat eine schnurrende *Katze* (13) um die Schulter gelegt. Einmal im Jahr zum *Geburtstag* bekommt die Katze ihr Lieblingsessen, *Spaghetti* (11). Sehen Sie in Ihrem Kopfkino, wie die *Katze* in einen Berg von *Spaghetti* springt und darin fast untergeht. Daran bedient sich auch der *Elefant* (6), ein Freund Ihres Vorgesetzten/Mitarbeiters, mit einem *Dreizack* (3), den er wie eine Gabel benutzt. Er füttert damit, zur *Feier des Tages,* Ihren Vorgesetzten/Mitarbeiter.

Geburtstag des Sohnes einer Freundin: 18.1.99
Stellen Sie sich auf dem Kopf des *Geburtstagskindes* eine *Vogelhäuschen* (18) vor. Dieses wird von einer Kerze (1) angezündet und fängt langsam an zu brennen. Dadurch werden im Inneren die Bewohner aufgescheucht, und es kommt erst eine Schlange (9), dann eine zweite *Schlange* (9) herausgekrochen. Das *Geburtstagskind* beklagt sich danach. Es wurde etwas warm am Kopf.

Hochzeitstag: 4.11.98
Sie wollen zum *Hochzeitstag* Ihrem Partner ein besonderes Geschenk machen. Sie sammeln viele *vierblättrige Kleeblätter* (4) und wollen einen Kranz daraus binden. Der Kranz hält aber nicht mit den kurzen Stielen des Klees, und so nehmen Sie die *Spaghetti* (11) vom Mittagessen zu Hilfe. Auch das will nicht so recht halten, und nun flechten Sie einfach eine *Schlange* (9) mit in den Kranz. Sie müssen sich mit Ihrem Werk aber beeilen, Sie müssen fertig sein, bevor die *Eieruhr* (8) abgelaufen ist. Diese steht daneben, und der Sand läuft unaufhörlich.

Entnommen aus: Oliver Geisselhart: *Kopf oder Zettel? Ihr Gedächtnis kann wesentlich mehr als Sie denken.* Offenbach: GABAL Verlag, 5., erw. Aufl. (S. 61 ff.).

Erfahrungsbericht von Lothar Kerpe: »Schaltpläne im Kopf«

Anfang 1994 bekam ich, Roland Geisselhart, einen Anruf von einem Reporter des *MANAGER MAGAZINs*. Er hatte den Eindruck gewonnen, dass Teilnehmer von Gedächtniskursen zwar direkt nach dem Kurs von ihren Lernerfolgen total begeistert waren, dass aber kaum einer von ihnen in der Lage war, das Gelernte auch mittelfristig in den Alltag zu integrieren und dort nutzbringend anzuwenden. Aus meiner Erfahrung mit über 20 000 Kursteilnehmern konnte ich das nicht bestätigen. Der Reporter fragte, ob ich ehemalige Kursteilnehmer nennen könne, die vor längerer Zeit einen Kurs bei mir absolviert hatten und heute noch in der Lage waren, ihr gutes Gedächtnis zu demonstrieren. Ich ging meine Teilnehmerlisten durch und stieß auf Lothar Kerpe: Der Ingenieur hatte ca. 1985 einen Grundkurs und kurze Zeit später ein zweitägiges Oberstufenseminar bei mir besucht, und seitdem ist sein gutes Gedächtnis nicht mehr aus seinem Leben wegzudenken. Er hatte die Übungen nach dem Kurs zu Hause konsequent weitergeführt, und so war es ihm gelungen, seine Vorstellungskraft nicht nur zu verdoppeln, sondern sogar gewissermaßen zu vervierfachen.

Herr Kerpe hat ein eigenes Büro in den Nähe von Stuttgart. Seit seinem Gedächtnistraining ist er in der Lage, sich etwa 3–5 0m² technische Zeichnungen bis ins Detail zu merken. Mit seinem ausgeprägten Vorstellungsvermögen kann er bis zu 100 technische Schaltungen auf dieser Zeichnung speichern; er kann sie in der richtigen Reihenfolge wiedergeben und sogar seinen Kunden am Telefon entsprechende Fragen beantworten. Das war selbst für mich, der ich durch meine Kurse ja ständig im Training bin, ein erstaunlicher Erfolg

Wir haben damals den Kontakt zu Herrn Kerpe aufgefrischt und ein Gespräch mit ihm geführt. Wir wollten von ihm wissen, was sich in seinem Leben alles verändert hat:

Frage: Herr Kerpe, wie kamen Sie damals auf die Idee, einen Gedächtniskurs zu machen?
Antwort: Ich hatte einen Artikel in der Stuttgarter Zeitung gelesen und mich kurzerhand für den nächsten angebotenen Kurs angemeldet.
F.: Wie schnell haben Sie dann das Gelernte nach dem Seminar umgesetzt?
A.: Sehr schnell. Bereits auf der Heimfahrt habe ich kräftig geübt: Ich habe auf der Autobahn aus Spaß die Ziffern auf den Nummernschildern der anderen Autos mit den Zahlensymbolen verknüpft. Und als ich zu Hause ankam, hatte ich schon eine enorm kurze Zugriffszeit auf die passenden Symbole.
F.: Aber die Symbole allein machen ja noch kein gutes Gedächtnis aus.
A.: Da haben Sie recht: Die bildhafte Vorstellung ist das Wichtigste. Stellen Sie sich Bilder vor, je unrealistischer, desto besser. Und bewegte Bilder vor allem, die bleiben im Gedächtnis hängen.
F.: Wie haben Sie dann Ihre Gedächtnisübungen in Ihren Alltag und Beruf integriert?
A.: Das kam von ganz alleine. Ich habe erst aus Spaß im Freundeskreis experimentiert, habe meine eigenen Bilderketten geschaffen und die anderen damit verblüfft, dass ich mir auf einmal alles viel besser merken konnte. Und das Weitere kam automatisch: Ich hatte mir das Bilderdenken so fest angewöhnt, dass ich auch meine Schaltzeichnungen und Anlagenpläne automatisch in Bilder und Bewegung umgesetzt habe, und so konnte ich mir natürlich auf einmal deutlich mehr merken als zuvor.
F.: Hat sich das konkret bemerkbar gemacht?
A.: Ja, natürlich; ich habe sehr viel an Arbeitszeit eingespart, bei manchen Vorgängen mindestens die Hälfte. Meine Skizzen und Steuerungspläne kann ich mir ganz leicht einprägen, indem ich mir voneinander abhängige Bewegungsabläufe mit möglichst ab-

surden Bildern vorstelle. Je absurder, umso besser. Ich muss nur vorher entscheiden, was wichtig ist, aber das läuft schon von alleine ab.

F.: *Dann ist es nicht so, dass Sie sich automatisch alles merken?*
A.: Nein, ganz bestimmt nicht. Wissen Sie, das Zeitalter der Information birgt die Gefahr, dass es immer mehr Informierte gibt – und immer weniger wirklich Wissende. Wichtig ist nicht, möglichst viel zu wissen, sondern das Wissen auch kreativ zu verarbeiten; das ist viel mehr wert als die Summe sämtlicher Informationen. Deshalb überlege ich mir genau, was wirklich wichtig ist und auch wert, im Gedächtnis gespeichert zu werden.

F.: *Ist das eine Zeiterscheinung, diese Überfütterung mit Informationen?*
A.: Sicherlich. Es gibt viel zu viel theoretisches Wissen und zu wenig praxisbezogene Umsetzung. Sehen Sie sich nur die Bildungsstätten an: Die kleinsten Kinder haben noch am meisten Fantasie. Was an den Schulen dann gelehrt wird, sind nur die Denkinhalte, leider nicht die Denkvorgänge. Der Praxisbezug ist zu gering. Vielleicht könnte man da mit Gedächtnistraining manches verbessern. Lesen Sie einmal zwei DIN-A4-Seiten Text. Was haben Sie sich davon merken können? Drei Sätze vielleicht – außer, Sie haben sich »ein Bild davon gemacht«. Aber viele Leute, gerade auch auf führenden Positionen, haben zu wenig bildhaftes Vorstellungsvermögen.

F.: *Wie ging es dann bei Ihnen nach dem ersten Gedächtnis-Kurs weiter?*
A.: Nun, ich war so begeistert, dass ich bald danach den Kurs für Fortgeschrittene besuchte und mir die Zahlensymbole bis 100 einprägte. Das hat meinem Bilderdenken noch einmal starken Aufschwung gegeben. Stellen Sie sich mal eine Uhr vor, die andersherum läuft: Wo normalerweise die 8 ist, steht die 4 usw. – solche Spielereien kommen da ganz nebenbei zum Vorschein. Und das ist auch ein wichtiges Element: der Humor. Lachen entspannt, und in entspanntem Zustand lernt und merkt es sich leichter. Deshalb mache ich meine Bildergeschichten immer so lustig wie möglich.

F.: Ich habe den Eindruck, Sie spielen mit den Möglichkeiten, die sich Ihnen da eröffnet haben?
    A.: Ja, ich habe sehr viel Spaß daran. Stellen Sie sich vor, Sie sitzen jemandem gegenüber und schreiben ihm ein paar Stichworte auf, aber in Schreibschrift auf dem Kopf, sodass er es sofort lesen kann. Versuchen Sie es einmal, der Effekt ist verblüffend. Und Sie beweisen damit bereits Ihr höheres Vorstellungsvermögen. Der beste positive Effekt von Gedächtnistraining liegt jedoch in der Synergiewirkung.
F.: Wie meinen Sie das?
    A.: Nun, das trainierte bildhafte Denken ist für viele andere Anwendungen die beste Voraussetzung. Ich denke da an Methoden des Neurolinguistischen Programmierens (NLP), Meditationen und geleitete Traumreisen, nicht zu vergessen natürlich die Rhetorik. Die meisten Redner sind eher »Ableser«. Unter Einsatz der Gedächtnis-Symbole kann mir kein Vortrag mehr entgleiten. Und für etwa 80 Prozent der praktischen Anwendungen reichen die ersten 20 Symbole völlig aus. Stellen Sie sich eine Wäscheleine vor, auf der Sie alle wichtigen Aspekte »festklammern«, z. B. die Argumente für ein Verkaufsgespräch. Das funktioniert. Speichern Sie die Kernsätze ab, eventuell zusammen mit den Zahlensymbolen, und lernen Sie zu jedem Kernsatz die wichtigsten Informationen dazu. Ich habe dann immer das Bild von einem Faden vor Augen, den man in eine Lösung mit Kandiszucker hineinhängt: Der Zucker sammelt sich ganz von selbst am Faden.
F.: Auf welchem Gebiet haben Sie nun letztendlich am meisten profitiert?
    A.: Ich würde sagen, auf allen Ebenen. Der große Durchbruch kommt, wenn sich die einzelnen Gebiete vernetzen lassen, und das ist durch das Bilderdenken überhaupt kein Problem. Beruflich habe ich natürlich den offensichtlichsten Erfolg. Ich habe vor kurzem ein Projekt für eine große Firma, an dem normalerweise fünf Personen gleichzeitig beschäftigt wären, in Alleinarbeit bewältigt. Ich habe alles als »Bilder« gespeichert und dadurch viel Zeit und Aufwand eingespart. Wer eine Steuerung konzipiert, hat nor-

malerweise Unterlagen: Bilder und Notizen, in die er immer wieder hineinschauen muss. Ich mache die Bilder einmal und speichere sie ab – und das weiß ich dann einfach. Deshalb kann ich auch meine Kunden am Telefon so gut beraten: Ich kenne ihre Maschinen und Schaltungen auch nach Jahren noch so gut, als sähe ich sie vor mir.

Herr Kerpe, wir gratulieren Ihnen zu diesem Erfolg und bedanken uns für das Gespräch.

Zuvor gekürzt veröffentlich in: Roland R. Geisselhart / Christiane Burkart unter Mitarbeit von Marion Zerbst: *Gedächtnis ohne Grenzen. Die beste Methode, die Gedächtnisleistung und Kreativität durch Visualisierung massiv zu steigern,* Zürich: Oesch Verlag, 2. Aufl. 2001 (S. 98 f.). Hier wird der vollständige Text wiedergegeben, © Roland Geisselhart.

8. Die Power der Memo-Rhetorik

Wie Sie mithilfe der Zahlensymbole freie Reden halten und Präsentationen erstellen

Rede: Vorstellung Ihrer Person vor einem neuen Team

Wir starten wieder einfach. Nämlich mit einer Vorstellung Ihrer Person vor einem neuen Team. Die Inhalte dürften jedem bekannt sein. Aber die Reihenfolge – die will vor allem unter Stress oft nicht so richtig klappen. Es geht also vorwiegend darum, die einzelnen Punkte gut sortiert und durchnummeriert parat zu haben.

Sie haben sich dazu beispielsweise die unten stehenden Stichpunkte notiert, die Sie in Ihrer Vorstellung dann mit entsprechenden Beispielen und Erklärungen untermauern wollen. Da Sie sich selbst gut kennen, also voll im Thema sind, reichen Ihnen Stichworte. Dadurch haben Sie den roten Faden und sind sicher, alles Wichtige zu erzählen und nichts zu wiederholen.

Sie werden später auch Techniken kennenlernen, mit denen Sie sich Unterpunkte, Beispiele und Details zu den einzelnen Stichpunkten merken können. Dies ist ja dann wichtig, wenn es sich um Themen handelt, bei denen Sie nicht so tief drinstecken und Gefahr laufen, wichtige Details zu vergessen. Wenn Sie allerdings, wie in unserem Beispiel vorausgesetzt, voll im Thema sind, reichen Ihnen einfache Stichpunkte, da Sie vor allem die Reihenfolge festlegen und keinen Punkt vergessen wollen. Für den Anfang sollen acht Punkte erst einmal genug sein.

Hier also sind sie:
1. Ihr Name
2. Ihr Alter
3. Ihre Herkunft
4. Familienstand
5. Ihre Ausbildung
6. Ihre Hobbys
7. Lieblingsurlaubsziele
8. Sie hoffen auf eine gute Zusammenarbeit

Mit den Zahlensymbolen arbeiten ist einfacher, mit den Zahlensymbolen sind Sie schneller: Beweisen Sie sich dies.
    Sie brauchen nun lediglich das Zahlensymbol für die Zahl Eins mit Ihrem Namen, sprich einem Bild dafür, zu verknüpfen. That's it! Konkret:
1. Stellen Sie sich vor, wie Sie jede Nacht Ihren *Namen* auf Ihrem Klingelschild mit einer *Kerze* anleuchten. Ja klar, dann kann ihn auch jeder lesen. Einprägsam, weil doch ziemlich absurd, ist dies bei genauer geistiger Vorstellung allemal. Wenn Sie dieses Bild deutlich gesehen haben, auch wenn sich Ihr Verstand wehren will, wird Ihnen später – wenn Sie an die *Kerze* denken – mit an Sicherheit grenzender Wahrscheinlichkeit wieder ebendieses Bild erscheinen. Sie denken also an die *Kerze,* als Bild für die Zahl Eins, für Ihr erstes Stichwort eben. Sie sehen also, wie Ihr *Name* angeleuchtet wird, und haben den ersten Stichpunkt parat.

Damit Sie jetzt nicht denken: »Dat is' mir zu viel!«, machen wir am besten gleich weiter. Versuchen Sie es einfach einmal. Die komplette Vorstellung. Sie werden sehen, wie einfach und schnell es geht. Und wenn Sie erst geübt sind – gar nicht auszudenken!

2. Ihr *Alter* macht Ihnen nichts aus. Sie sind topfit. Sie würden sogar mit einem *Schwan* um die Wette schwimmen. Mein lieber Schwan! Augen zu, bildlich vorstellen, wie Sie den *Schwan* beim Wett-

schwimmen abhängen! Gefühl der Freude aufkommen lassen (wenn irgend möglich), und fertig ist der zweite Punkt.

3. Stellen Sie sich ein Wahrzeichen ihrer Heimat- oder Geburtsstadt *(Herkunft)* vor. Dieses verzieren Sie nun bitte möglichst originell mit dem *Dreizack*. Augen zu, Bild machen, wie das Wahrzeichen ihrer Heimat- bzw. Geburtsstadt nun mit dem *Dreizack* aussieht! Entsprechendes Gefühl (Lachen oder Weinen) aufkommen lassen (wenn möglich) und fertig ist der dritte Punkt.
4. Kommt ganz drauf an. Wenn Sie sich verliebt haben *(Familienstand):* vierblättriges *Kleeblatt* her und Blätter zupfen – »sie oder er liebt mich« – »liebt mich nicht« ... Wenn Sie Kinder haben *(Familienstand):* Setzen Sie ihnen einen Kranz aus vierblättrigen *Kleeblättern* auf. Wie auch immer: Augen zu, Bild machen, entsprechendes Gefühl aufkommen lassen (wenn es geht) und fertig ist der vierte Punkt.
5. Ganz klar: Während Ihrer *Ausbildung* hat Ihnen Ihr Chef oft mit der *Hand* auf die Schulter geklopft. Damit es besser haften bleibt: Manchmal war es ein etwas (zu) festes Klopfen. Augen zu, Bild machen, entsprechendes Gefühl aufkommen lassen (wenn möglich) und fertig ist auch schon der fünfte Punkt.
6. Ihre *Hobbys* praktizieren Sie natürlich nicht allein. Meistens ist Ihr Lieblings*elefant* dabei. Und wieder, weil superwichtig: Augen zu, Bild machen, entsprechendes Gefühl aufkommen lassen (versuchen Sie es, hilft ungemein) und fertig ist Punkt sechs.

7. Sie fliegen wahrscheinlich gerne in den Urlaub: Das Flugzeug wird extra für Sie mit Wimpeln geschmückt. Zusätzlich wird es diesmal vom Lotsen mit Wimpeln eingewiesen und geleitet. Augen zu und – Sie wissen schon.

8. Sie stellen sich gute Zusammenarbeit vor wie die Sandkörner in der Sanduhr: Alle arbeiten eben gut zusammen. Bild sehen, Feeling, fertig. Und zwar komplett.

Perfekt: Zahl – Bild – Stichwort
Kleine Pause gefällig? Okay, danach geht es zur Kontrolle. Einfach wieder die Zahlensymbole ansehen und automatisch, wie von Geisterhand, erscheint in den meisten Fällen das gerade gesehene Bild komplett. Damit hätten Sie Ihr Stichwort.

Ihre Lösungen

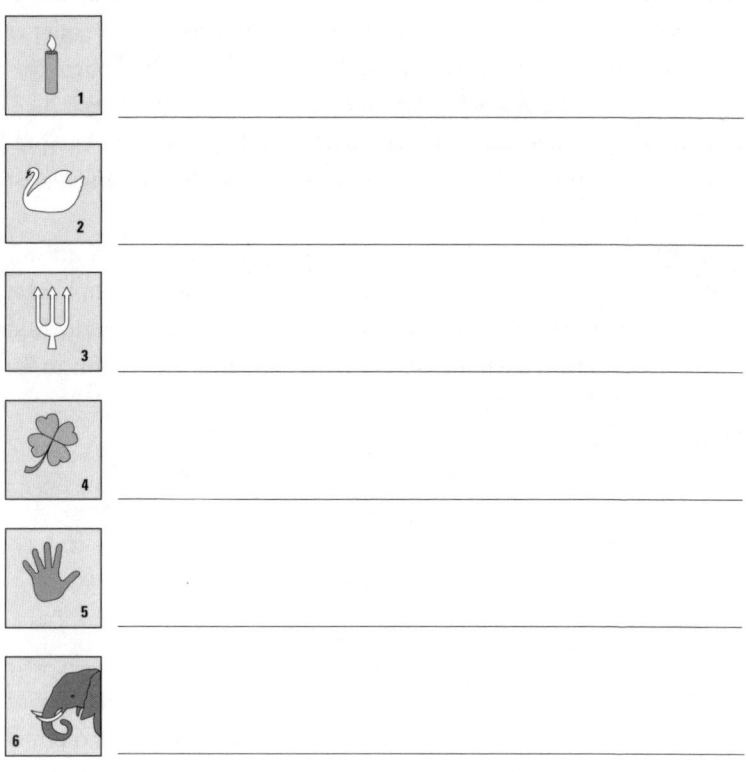

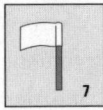

Na, wie war's? Gar nicht so schlimm, oder? Sie werden sehen, Sie machen mit dieser Technik sehr schnell Fortschritte. Nicht mehr lange, und Sie speichern sich umfangreiche Reden mit zwölf Punkten und sogar noch Details dazu ab.

Fesselndes und lebendiges Sprechen

Wer sprechen kann, kann gute Reden halten
Viele Menschen sind der Meinung, die Fähigkeit, fesselnd und lebendig zu sprechen und so Zuhörer zu begeistern und mitzureißen, sei angeboren. Ich glaube das nicht. Meiner Ansicht nach kann jeder, der sprechen kann, auch lernen, so zu sprechen, dass er das Publikum fesselt und begeistert. Selbstverständlich wird es der eine besser machen als der andere. Auch werden manche durch das beste Training nie so gut wie andere.

Sehen Sie, wie gut Sie sind, nicht, wie gut andere sind
Aber so ist es mit allem. Beispielsweise kann jeder gesunde Mensch laufen. Aber es gibt immer Personen, die laufen besser, schneller, weiter. Wenn es Ihnen also nicht darum geht, der beste Redner der Welt zu werden, haben Sie schon einen großen Vorteil: Sie werden Ihre eigenen Fortschritte wesentlich genauer wahrnehmen als jemand, der sich ständig mit anderen vergleicht. Messen Sie Ihre Leistung an Ihrem Ziel. Ihr Ziel sollte sich nicht an anderen, an Vorbildern, orientieren. Vielleicht werden Sie niemals so gut wie Ihr Vorbild. Trotzdem sind Sie sehr gut und Ihr Publikum ist begeistert.

Selbst Weltklasse-Athleten messen sich ungern mit ihren Wettbewerbern. Es gibt Sportler, die sich über ihre eigene Leistung freuen, obwohl sie auf einem schlechten Platz landeten. Für den Sportler persönlich aber war diese Zeit eine Traumzeit. Also: Wer sich mit anderen vergleicht, wird selten mit sich zufrieden sein! Dadurch nehmen Sie sich jedes Erfolgserlebnis.

Stecken Sie andere mit Ihrer Begeisterung an
Machen Sie das Beste aus Ihren Fähigkeiten und lernen Sie, Begeisterung zu übertragen. Wenn Sie von etwas berichten, das Sie wirklich begeistert, können Sie auch andere mitreißen. Begeisterung wirkt ansteckend. Und wie Sie begeisternd reden lernen, schauen wir uns nun an.

Wortbilder

Ein arabisches Sprichwort lautet: »Ein guter Redner macht seine Zuhörer mit den Ohren sehend.« Das bedeutet: Ein guter Redner erzeugt bei den Zuhörern Bilder im Kopf. Er lässt einen Film vor dem geistigen Auge seines Publikums ablaufen. Kommt Ihnen irgendwie bekannt vor, oder? Um Bilder im Kopfkino geht es hier ja die ganze Zeit!

Erzeugen Sie Bilder im Kopf des Zuhörers
Wie aber erzeugen Sie ebendiese Bilder in den Köpfen der Leute, die Ihrer Rede, Ihrem Vortrag oder Ihrer Präsentation folgen? Genau: durch »Wortbilder«.

Erzählen Sie Geschichten. Ja, wirklich! Sie merken sich doch einen Roman auch leichter als ein Fachbuch. In Geschichten verpackt wird Unverständliches verständlich und Kompliziertes einfach. Sie sollten deshalb so oft wie möglich in Bildern sprechen. Überlegen Sie sich vor Ihrem Vortrag ganz genau: Wer sind meine Zuhörer? Welche Wortwahl ist für diese Zielgruppe passend? Was erwarten meine Teilnehmer? Was will ich erreichen?

Wenn Sie vor Ärzten sprechen, werden Sie Ihre Rede anders gestalten, als wenn Sie den gleichen Inhalt vor Bauarbeitern präsentieren. Hoffentlich! Bei Ärzten benutzen Sie Fachbegriffe, die jeder Arzt kennt. Beim Vortrag vor Bauarbeitern setzen Sie auch Fachwörter ein. Nur sind es hier eben genau die Fachausdrücke, die alle Bauarbeiter kennen.

Zuhörergerechte Wortwahl und Geschichten sind wichtig
Verzichten Sie unbedingt auf Fachchinesisch, das vom Publikum nicht oder nur mit Mühe verstanden wird. Erwarten Sie von Ihrem Publikum nicht, dass es voll und ganz konzentriert ist. Selbst bei hoher Konzentration schweift das menschliche Gehirn immer ab, wenn es Unbekanntes wahrnimmt. Es geht auf die Suche und schaut nach, ob da nicht doch vielleicht irgendwo irgendetwas Bekanntes zu finden ist. Dann haben Sie die Aufmerksamkeit zumindest dieses Zuhörers verloren.

Da Sie das ganze Publikum bis zum Ende des Vortrags fesseln wollen, setzen Sie sich vor Ihrer Rede die Zuhörer-Brille auf und schauen Sie durch. Ziehen Sie sich die Stiefel Ihres Publikums an. Benutzen Sie also Vergleiche, die Ihren Zuhörern bekannt sind. Malen Sie Szenarien, in denen sich Ihre Zuhörer wiederfinden. Sprechen Sie in Metaphern und Gleichnissen.

Machen Sie Ihre Rede zum Film
Erinnert Sie das Wort Gleichnis nicht an einen ganz großen Redner? Na klar, an Jesus. Jesus war ein begnadeter Redner, der es verstand, die Massen in seinen Bann zu ziehen, Begeisterung zu wecken, die Leute mitzureißen, sie zu fesseln. Sie erinnern sich sicherlich auch an zahlreiche Gleichnisse aus der Bibel (das Gleichnis vom barmherzigen Samariter z. B.). Solchen Reden, die viele Bilder enthalten, die in den Köpfen der Adressaten ablaufen wie Filme, können wir im Allgemeinen sehr gut folgen. Überlegen Sie sich deshalb bei der Vorbereitung Ihrer Rede möglichst viele solcher Bilder.

Wenn Sie sich die Rede mit der Memo-Rhetorik der »Geisselhart-Methode« merken, haben Sie schon im Vorfeld gewonnen. Sie haben sich selbst einen Film gemerkt. Diesen lassen Sie vielleicht exakt so vor den Augen Ihres Publikums ablaufen, und er wird genügend Bilder enthalten.

Sammeln Sie Wortbilder
Damit Ihnen das Bildersuchen leichter fällt, habe ich für Sie einige Wortbilder und Sprichwörter zusammengestellt. Diese sind bestens dazu geeignet, vom Publikum im Kopfkino gesehen, leicht erfasst und verstanden zu werden. Legen Sie sich eine Sammlung Ihrer liebsten Wortbilder zu. Eine Sammlung, die Sie für Ihre Zwecke und Themen brauchen können. Den Grundstock legen Sie mit den folgenden Beispielen.

Beispiele für Wortbilder

***Saugen Sie dieses Buch in sich auf und
Ihr Redner-Erfolg hat freie Bahn***

- Gierig wie ein Schwamm aufsaugen
- Wer rastet, der rostet
- Wer »A« sagt, muss auch »B« sagen
- Katze im Sack kaufen
- Große Ereignisse werfen ihre Schatten voraus
- Auf Spatzen mit Kanonen schießen
- Nonplusultra
- Sammelsurium
- Segeln unter falscher Flagge
- Am seidenen Faden hängen
- Wölfe im Schafspelz
- Ein Spatz in der Hand ist besser als die Taube auf dem Dach
- Stein im Brett haben
- Urteilen wie Blinde über die Farbe
- Allzu straff gespannt, zerspringt der Bogen

- Etwas geht weg wie warme Semmeln
- Ein schweres Geschütz auffahren
- Sisyphusarbeit
- Tropfen auf dem heißen Stein
- Hohe Bäume werfen lange Schatten
- Mit einem blauen Auge davonkommen
- Ein fauler Apfel steckt hundert andere an
- Den Letzten beißen die Hunde
- Etwas wie Sauerbier anbieten
- Wer allein läuft, wird stets Sieger
- Man soll nicht auf Sand bauen
- Das Gras wachsen hören
- Ein Haar in der Suppe finden
- An den Haaren herbeigezogen
- Es wird nichts so heiß gegessen, wie es gekocht wird
- Wie die Katze um den heißen Brei schleichen
- Sich nicht die Butter vom Brot nehmen lassen
- Sich nach der Decke strecken
- Wissen, wo der Schuh drückt
- Mehrere Eisen im Feuer haben
- Aus der Mücke einen Elefanten machen
- Von allen Hunden gehetzt sein
- Mit allen Wassern gewaschen
- Mit den Wölfen heulen
- Wo gehobelt wird, fallen Späne
- Wo ein Hund bellt, bellen bald alle Hunde im Dorf
- Sich ins eigene Fleisch schneiden
- Wie eine reife Frucht in den Schoß fallen
- Eine Hand wäscht die andere
- Die Haut ist näher als das Hemd
- Hecht im Karpfenteich
- Nicht mitten im Strom die Pferde wechseln
- Sie sind nicht der Mann, der sich ein X für ein U vormachen lässt
- Wie ein rohes Ei behandeln

- Klappern gehört zum Handwerk
- Des Pudels Kern
- Auf den Busch klopfen
- Das Pferd von hinten aufzäumen
- Eine Sache ausbaden/auslöffeln
- Das fünfte Rad am Wagen
- Die schlechtesten Früchte sind es nicht, an denen die Wespen nagen
- Auf des Messers Schneide
- Neuen Wein in alte Schläuche füllen
- Auf Herz und Nieren prüfen
- Farbe bekennen
- Bei der Stange bleiben
- Dorn im Auge
- Mehrere Fliegen mit einer Klappe schlagen

Mit der Power der Memo-Rhetorik schlagen Sie mehrere Fliegen mit einer Klappe

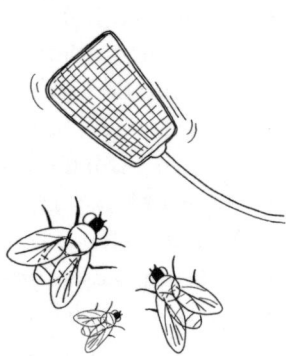

- In ein Wespennest stechen
- Prediger in der Wüste sein
- Der Zweck heiligt die Mittel
- Holz in den Wald tragen
- Ins Schwarze treffen
- Alles auf eine Karte setzen
- Gegen Windmühlen kämpfen
- Die erste Kälte empfindet man am meisten
- Wo es nicht juckt, soll man nicht kratzen
- Den Nagel auf den Kopf treffen
- Sein Mäntelchen nach dem Wind hängen
- Wenn der Reiter nichts taugt, gibt er dem Pferd die Schuld
- Es führen viele Wege nach Rom
- Für andere die Kastanien aus dem Feuer holen
- Mit dem Kopf durch die Wand
- Gegen den Strom schwimmen

- Papier ist geduldig
- Den Brotkorb höher hängen
- Eine Krähe hackt der anderen die Augen nicht aus
- Die Zunge verbrennen
- Auf den Leim gehen
- Doppelt genäht hält besser
- Was der Rechen durchlässt, muss die Hand nehmen
- Sich an einen Strohhalm klammern
- Aus dem Regen in die Traufe kommen
- Wer Rosen pflücken will, darf Dornen nicht fürchten
- Das pfeifen die Spatzen von den Dächern

Entnommen aus: Oliver Geisselhart: *Souverän freie Reden halten. Die Power der Memo-Rhetorik*. Offenbach: GABAL Verlag, 3. Aufl., 2009 (S. 61–65, 107–113).

9. Wozu braucht ein Verkäufer ein Power-Gedächtnis?

Vom Nutzen des Gedächtnistrainings im Verkauf

Je besser ein Verkaufsgespräch vorbereitet ist, umso leichter lässt es sich führen. Ein gut trainiertes Gedächtnis ermöglicht Ihnen dabei deutlich mehr Flexibilität als eine schriftliche Vorbereitung. Sie kennen Ihr Produkt und Ihre Strategien, Sie haben alle wichtigen Daten und Fakten im Kopf, brauchen keine Notizen und können doch auf ein großes Repertoire an verschiedensten Erfahrungen zurückgreifen.

Damit sind Sie einerseits in der Lage, spontan und flexibel auf jeden Kunden einzugehen, so wie es die jeweilige Situation erfordert, andererseits geben Sie die souveräne Gesprächsführung niemals aus der Hand. Mit der Geisselhart-Methode haben Sie dauerhaft Zugriff auf die wichtigsten Informationen, und Ihre sachbezogene Reaktion auf den Gesprächsverlauf sichert Ihnen jederzeit die Aufmerksamkeit Ihres Gesprächspartners.

Denken Sie einmal an einen Immobilienverkäufer: Er wird bei Bedarf sicherlich zu jedem beliebigen Objekt eine immense Datenmenge herunterrattern – und den potenziellen Interessenten damit völlig irritieren, weil dieser so schnell gar nicht alle Einzelheiten realisieren kann. Zeigt er ihm dagegen eine Modellskizze, einen Grundriss oder gar ein schönes Foto vom fraglichen Objekt, so bekommt der Kunde gleich einen viel konkreteren Eindruck.

Deshalb ist auch für unsere Zwecke das Bilderdenken so wichtig: Einem Verkäufer, der in Bildern denkt und spricht, fällt es viel leichter, die Fantasie seines Kunden anzusprechen und über die Vorstellungskraft den Zugang zu seinem Gehirn herzustellen.

Wer lernt in Bildern zu denken und zu sprechen, der kann im nächsten Schritt auch wichtige Informationen in Bildern abspeichern! Die Abrufbarkeit der einzelnen Punkte wird dadurch deutlich erhöht, und Ihre ausgezeichnete Merkfähigkeit verleiht Ihnen Sicherheit und Souveränität.

Jeder, der im Verkauf tätig ist, hat die folgende Situation schon einmal erlebt: Sie treffen oder besuchen einen Kunden zum zweiten- oder x-tenmal – und wissen nicht mehr genau, was er Ihnen beim letzten Gespräch erzählt hat. Dabei wäre es gerade jetzt so wichtig, dass Sie sich daran erinnern! Selbstverständlich können Sie jetzt nicht Ihre Kundenakte aufschlagen und erst einmal alles nachlesen, was Sie dort notiert haben (abgesehen davon, dass Sie ja beim vorhergehenden Gespräch auch nicht pausenlos mitgeschrieben haben).

Vor allem die kleinen Dinge, die Sie so nebenbei von Ihren Kunden erfahren, können später von enormem Nutzen sein: Wenn Sie sich an die Details erinnern können, die Herr Maier bezüglich der Informationswege in seiner Firma beschrieben hatte, wenn Sie noch wissen, wer in der Firma Huber & Co. der maßgebliche Entscheidungsträger ist, den Sie zusammen mit Ihrem Ansprechpartner von dem neuen Produkt überzeugen müssen, wenn Ihnen im rechten Moment einfällt, dass Frau Schmidt noch auf die Genehmigung für das Budget warten muss, dann sind das Informationen von unschätzbarem Wert, vorausgesetzt natürlich, Sie können sich zuverlässig und exakt daran erinnern!

Doch nicht nur die betrieblichen Fakten sind es, die Ihnen Vorteile verschaffen: Herr Krause erwähnt das bevorstehende Wochenende, und Sie können ihm beiläufig einen »guten Fang« wünschen, weil Sie noch genau wissen, dass er regelmäßig zum Angeln geht – er wird mit Sicherheit positiv überrascht sein. Und wenn Ihnen zum richtigen Zeitpunkt wieder einfällt, dass die Gattin des Herrn Berger mit Begeisterung bayerische Weißwürste isst, dann bringen Sie ihr beim nächsten Besuch zwei Paar mit – und Sie werden auf einfachste Weise ihre Sympathie erringen.

Stellen Sie sich vor, Sie können ab sofort alle wichtigen Fakten und Daten, die mit dem einzelnen Kunden zusammenhängen, präzise und exakt aus Ihrem Gedächtnis abrufen, wenn Sie sie brauchen! Sie wissen noch genau, dass Herr Müller ein passionierter Jäger ist, dass Herr Maier beim letzten Besuch ganz nervös auf die Geburt seines dritten Kindes wartete und dass die sympathische Frau Huber Ihnen anvertraute, dass sie von ihrem neuen Kleinwagen hell begeistert sei. Wenn Sie die Kleinigkeiten am Rande im passenden Moment wieder abrufen und in das Gespräch mit einfließen lassen können, wird Ihnen das beim Kunden deutliche Sympathien und spürbar bessere Chancen für einen erfolgreichen Verkaufsabschluss verschaffen.

Entnommen aus: Oliver Geisselhart / Roland R. Geisselhart / Christiane Burkart: *Gedächtnis-Power für Verkäufer*. Zürich: Orell Füssli Verlag 1999 (S. 7 ff.).

10. Zahlensymbole und Produktvorteile

So merken Sie sich, welche Vorteile Produkte für Ihre Kunden haben

Stellen Sie sich vor, Sie wollen einem Interessenten einen bestimmten Gebrauchtwagen schmackhaft machen; das fragliche Auto hat die folgenden Eigenschaften; es hat:
1. einen starken Motor,
2. trotzdem einen niedrigen Benzinverbrauch,
3. vier Türen und eine große Heckklappe,
4. genügend Platz im Innenraum,
5. es ist scheckheftgepflegt
6. und hat viele Extras wie Airbag, Servolenkung, ABS,
7. das Radio ist im Preis inbegriffen,
8. ebenso wie vier noch sehr gut erhaltene Winterreifen.

Diese Punkte verknüpfen wir nun mit den Symbolen:
1. Den Motor schauen wir uns zusammen mit dem Kunden an, und was ihm sofort auffällt, sind die beiden *Kerzen* aus Wachs, die sich an der Stelle der Zündkerzen befinden.
2. Ein Bild von einem *Schwan* taucht auf, der auf einem kristallklaren See lautlos seine Kreise zieht – im Schlepptau hat er die Zapfsäule einer Tankstelle.
3. Die Heckklappe rastet oben manchmal nicht ganz ein, doch im Kofferraum steckt an der Seite ein *Dreizack*, der dann einfach dazwischengeklemmt werden kann.
4. Im Inneren des Autos ist so viel Platz, dass man fast einen kleinen Garten anlegen könnte – zumindest aber ein Beet mit Glücks*klee* ...

5. Das Auto ist (scheckheft)gepflegt und hat vom Vorbesitzer regelmäßig »Streicheleinheiten« bekommen – stellen Sie sich vor, wie er seinen Wagen mit der rechten *Hand* täglich morgens und abends von oben bis unten gestreichelt, gewaschen, poliert hat ...
6. Mit dem mit diesen Extras ausgestatteten Wagen können Sie problemlos in den Urwald fahren und sogar einer Begegnung mit *Elefanten* gelassen entgegensehen.
7. Damit das Radio einwandfrei funktioniert, müssen Sie natürlich die Autoantenne ganz herausziehen; und Ihr kleiner Sohn hat sofort die Idee, an der Antenne seine Fußball-*Fahne* zu befestigen.
8. In einer überdimensionalen *Sanduhr* rieseln anstelle von Sand winzige Winterreifen durch das kleine Loch.

Stellen Sie sich diese bildhaften Szenen mit allen möglichen Sinnen vor: Sehen Sie die Fahne an der Antenne im Wind flattern, riechen Sie die Erde des kleinen Glücksklee-Beetes im Innern des Autos, hören Sie den Elefanten im Urwald tröten und so weiter, und Ihre Bilder werden so lebhaft und einprägsam, dass es Ihnen keine Mühe bereiten wird, sich an jedes einzelne von ihnen zu erinnern – im Gegenteil: Sie werden zunehmend Spaß daran haben, mit dieser Methode von Tag zu Tag in Ihrem Auftreten sicherer zu werden, und somit auch an Ausstrahlung und Persönlichkeit zu gewinnen.

Beim nächsten Beispiel überlassen wir Sie Ihrer eigenen Fantasie; machen Sie sich für jede bildhafte Verknüpfung mit den Zahlensymbolen (Kerze, Schwan, Dreizack usw.) eine kleine Notiz, und denken Sie daran: Je mehr Sie übertreiben, umso leichter können Sie sich Ihre fantastischen »Short Storys« merken!

Sie wollen einen Kaffeeautomaten verkaufen, der jede Tasse Kaffee einzeln und frisch zubereitet. Die folgenden Vorteile preisen Sie Ihren Kunden an:
1. Der Automat ist einfach zu bedienen: Knopfdruck genügt.
   (Idee: _____)

2. Jede Portion Kaffee wird erst unmittelbar vor der Zubereitung frisch gemahlen.
   (Idee: _____)
3. Der Kaffee kommt heiß und frisch aus der Maschine und hat ein herrliches Aroma.
   (Idee: _____)
4. Der Automat ist sparsam im Verbrauch, da er immer die genau gleiche Menge an Kaffeebohnen abmisst.
   (Idee: _____)
5. Es werden nur so viele Tassen zubereitet, wie auch wirklich benötigt werden.
   (Idee: _____)
6. Die Behälter für Wasser und Kaffeebohnen sind durchsichtig, leicht aufzufüllen und leicht zu reinigen.
   (Idee: _____)
7. Zu dem Automaten gehört auch eine Aufschäumdüse für heiße Milch, wenn man Cappuccino machen möchte.
   (Idee: _____)
8. Außer Kaffee und Cappuccino kann man auch Espresso oder Tee zubereiten.
   (Idee: _____)
9. Sämtliche Gehäuseteile und auch der Motor dieser Maschine sind leicht zu reinigen.
   (Idee: _____)
10. Der Hersteller gibt auf das Gerät zwei Jahre Garantie.
    (Idee: _____)

Wenn Sie nun alle zehn Bild- oder Handlungsverknüpfungen hergestellt haben, nehmen Sie sich noch einmal einen Moment Zeit und sehen sie sich genau an: Sind kleine Szenen dabei, die Sie zum Schmunzeln bringen? Oder Geschichten, die »völlig unmöglich« sind? Dann sind Sie genau auf dem richtigen Weg! Überprüfen Sie nun zunächst, ob Sie sich noch lückenlos an die Argumente des Gebrauchtwagenverkäufers erinnern:

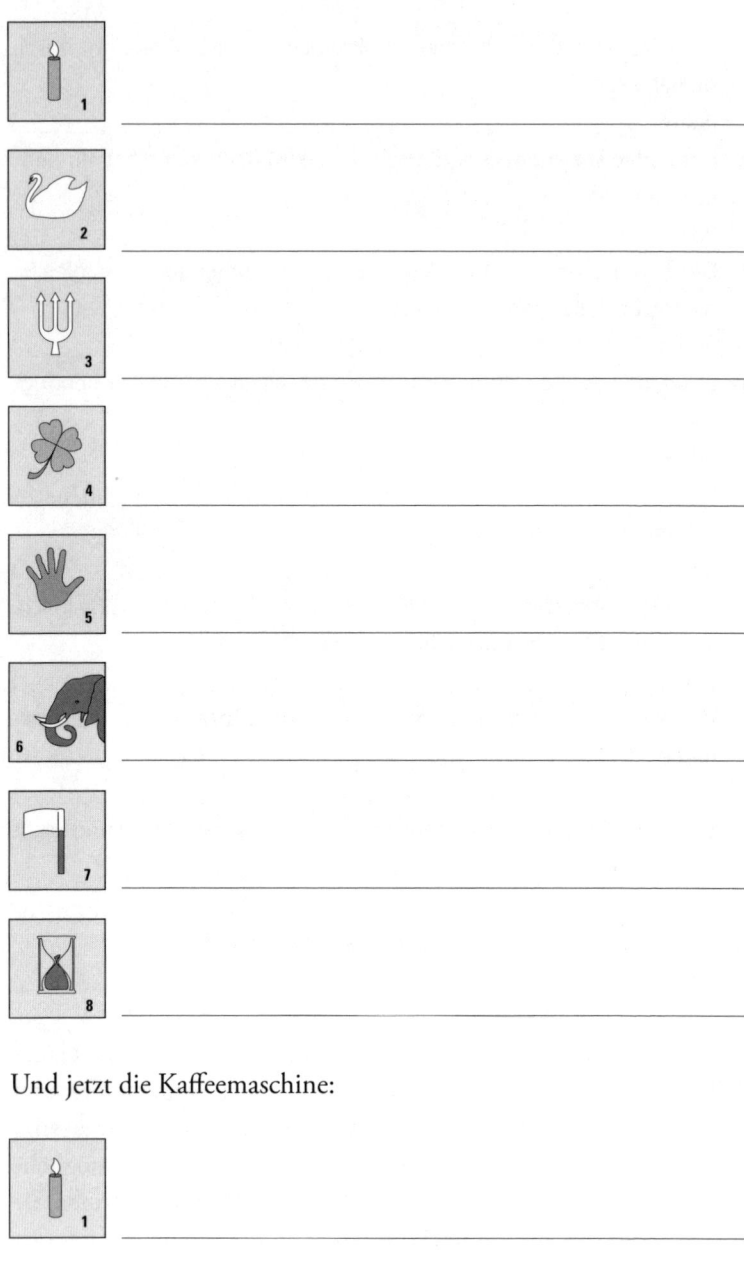

Und jetzt die Kaffeemaschine:

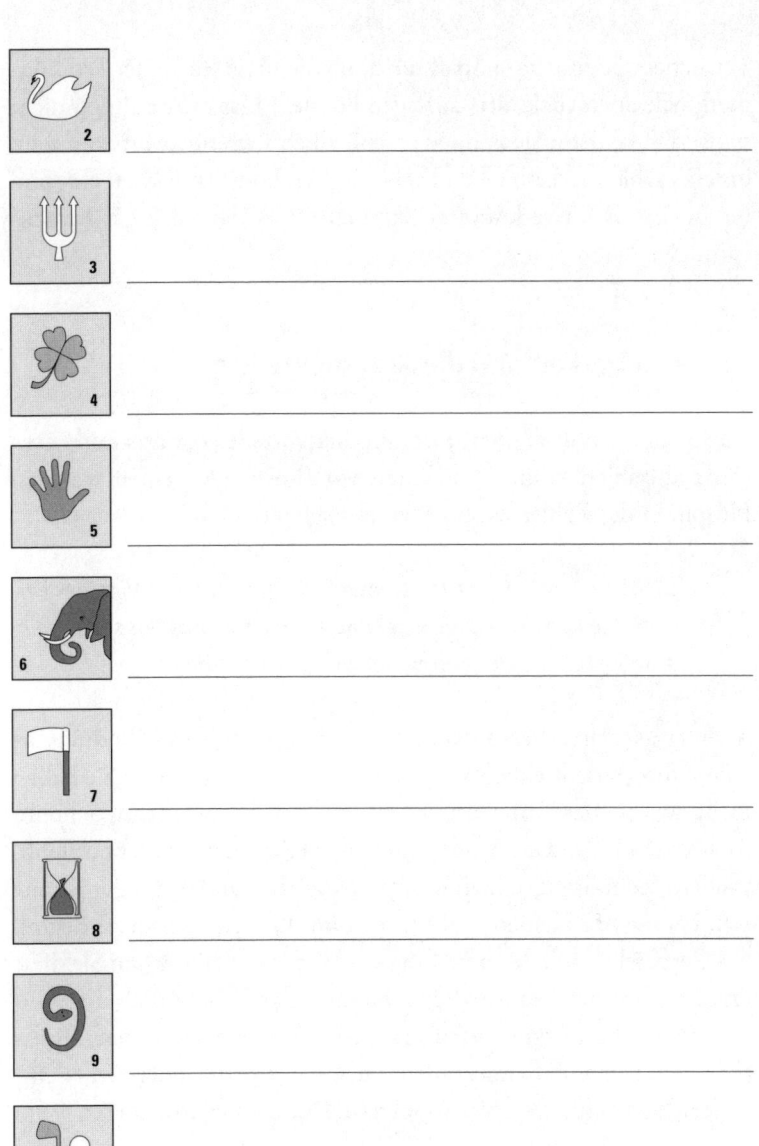

Versuchen Sie nun zum Spaß noch, ob Sie diese Reihe der Produktmerkmale auch rückwärts aufsagen können! Das dürfte Ihnen nicht schwerfallen, denn Sie können ja schließlich auch rückwärts von zehn bis eins zählen – dann fallen Ihnen die Symbole sofort dazu ein, und bis zu den damit verknüpften Punkten ist es nur noch ein Katzensprung!

Die Abrufbarkeit und die Argumenteliste

Nachdem Sie nun die Reihe der Produktvorteile vorwärts und rückwärts aufzählen können, möchten wir Ihnen noch einen weiteren Pluspunkt der Zahlensymbole nahebringen:

> *Sie können mit ihrer Hilfe sämtliche Argumente in beliebiger Reihenfolge abrufen – und Sie können sich dabei absolut sicher sein, dass Sie kein einziges Argument vergessen werden!*

In einer aktuellen Verkaufssituation müssen Sie »Ihre« Produktvorteile sofort präsent haben, egal, was kommt. Das bedeutet, Sie haben nicht, wie bei der Vorbereitung eines solchen Gesprächs am Schreibtisch, die Ruhe und die Muße, lange zu überlegen, was nun noch fehlt, sondern Sie müssen schnell reagieren können. Und wenn der Kunde z. B. bei unserer kleinen Geschichte vom Autokauf gleich zu Beginn des Gesprächs nach der Bereifung des Wagens fragt, müssen Sie diese Frage auch gleich beantworten. Dann dürfen Sie natürlich die Winterreifen in Ihrer Argumenteliste nicht noch einmal aufführen, dürfen aber auch keines der anderen Argumente übergehen oder vergessen.

Und genau für diese Situationen sind Sie bestens vorbereitet, wenn Sie sich Ihre Argumente mit den Zahlensymbolen einprägen:
- Sie können »springen« und aktuelle Informationen, nach denen der Kunde fragt, vorziehen;
- Sie können die Reihenfolge beliebig gestalten, wenn Sie sich Ihre Punkte zu Anfang einmal komplett und sorgfältig eingeprägt haben;

- und Sie können jederzeit überprüfen, welche Ihrer Argumente Sie schon genannt haben und welche noch fehlen.

Sie brauchen sich nur die Reihe der Zahlensymbole nacheinander vor Augen zu halten und sich daran zu erinnern, welches Argument Sie dem jeweiligen Symbol zugeordnet hatten, dann stellen Sie automatisch fest, ob noch ein Punkt fehlt oder ob Sie, wenn auch in anderer Reihenfolge, alle wichtigen Gedanken bereits aufgeführt haben. Dieses System erlaubt Ihnen auch jederzeit, von Ihrer ursprünglich geplanten Reihenfolge abzuweichen, ein bestimmtes Argument vorzuziehen oder auf Zwischenfragen des Kunden einzugehen und anschließend Ihre Argumentationsreihe genau an der Stelle wieder aufzunehmen, an der Sie sie unterbrochen hatten.

Versuchen Sie es einmal selbst, und rekapitulieren Sie die Eigenschaften des von Ihnen angepriesenen Gebrauchtwagens in folgender Reihenfolge:

5 = _____

3 = _____

2 = _____

4 = _____

7 = _____

1 = _____

6 = _____

8 = _____

Überprüfen Sie die Richtigkeit Ihrer Zuordnungen, und sehen Sie, wie Sie mit dieser Methode Ihre Verkaufsargumente schnell und mühelos wieder aufrufen können!

Für jedes Produkt gibt es verschiedene Arten von Verkaufsargumenten: Das können Argumente sein, die sich auf die *Merkmale* des Produktes beziehen (gemeint sind hier vor allem die technischen Daten, z. B. bei einem Auto), oder Argumente, die seinen *Nutzen* des Produktes für den Kunden beschreiben und sich meist auf die positiven Gefühle beziehen, die es bei ihm hervorruft.

Mit den folgenden Argumenten beschreiben Sie Ihrem Kunden den Nutzen, den er vom Kauf eines Kaffeeautomaten haben wird:

1. Ein Kaffeeautomat, der den Kaffee selbstständig zubereitet, schenkt Ihnen glückliche und genussreiche Stunden.
2. Er erweitert Ihren Lebensbereich.
3. Er verschafft Ihnen die Bewunderung von Freunden und Kollegen.
4. Sie sind Ihren Konkurrenten eine Nasenspitze voraus.
5. Die schonende Zubereitung des Kaffees fördert Ihre Gesundheit.
6. Sie genießen die neuen Möglichkeiten der Kaffeezubereitung
7. und brauchen sich keine Sorgen um das Gelingen des Kaffees zu machen.
8. Sie profitieren von der Bequemlichkeit und einem höheren Maß an Freizeit,
9. und nicht zuletzt dürfen Sie auch stolz darauf sein, was Sie erreicht haben!

Hier geht es nun erstmals nicht mehr um konkrete Gegenstände, sondern um *abstrakte Begriffe und Gedanken,* die Sie sich merken sollen. Doch das Prinzip der bildhaften Verknüpfung bleibt das gleiche: Sie nehmen die erste Assoziation zwischen dem betreffenden Begriff und dem Zahlensymbol und kleiden sie in ein lustiges, lebendiges Bild.

Beispiel
»Ein Kaffeeautomat, der den Kaffee selbstständig zubereitet, schenkt Ihnen *glückliche und genussreiche Stunden*« + » 🕯1 «:

Sie sehen sich glücklich in einem Sessel sitzen, Ihren Kaffee genießen – und um Sie herum brennen Hunderte von Kerzen (Prinzip der Übertreibung!). Auf diese Art können Sie abstrakte Begriffe genauso wie die konkreten Punkte mit den Zahlensymbolen verbinden – und genauso zuverlässig wieder abrufen.

Speichern Sie auch die restlichen Argumente mit den Zahlensymbolen ab, und versuchen Sie anschließend, sie in der richtigen Reihenfolge und genauso auch mit vertauschten Plätzen abzurufen!

1. glückliche und genussreiche Stunden + 🕯1 : _____

2. erweiterter Lebensbereich + 🦢2 : _____

3. Bewunderung + 🔱3 : _____

4. Vorsprung + 🍀4 : _____

5. und so weiter

Wichtig bei der fantasievollen Ausgestaltung der Verknüpfungen ist es auch hier immer wieder, dass Sie Ihre eigenen Assoziationen bilden und Ihre eigenen Bilder und kleinen Szenen erfinden. Keine noch so gute Anregung von anderer Seite kann das leisten, was Ihre eigene Vorstellungskraft leistet!

Ebenso ist es von Bedeutung, dass Sie bei der Vorbereitung eines Verkaufsgesprächs Ihre Argumente selbst selektieren, nach ihrer Wichtigkeit ordnen und entscheiden, in welcher Reihenfolge Sie sie am sinnvollsten vorbringen wollen. In dieser Reihenfolge prägen Sie sich Ihre Argumente im ersten Schritt auch ein – Sie wissen ja, dass Sie an diese Ordnung dank der flexiblen Zahlensymbole nicht unabdingbar gebunden sind, sondern auf jedes einzelne Argument jederzeit spontan Zugriff haben!

Entnommen aus: Oliver Geisselhart / Roland R. Geisselhart / Christiane Burkart: *Gedächtnis-Power für Verkäufer.* Zürich: Orell Füssli Verlag 1999 (S. 40 ff.).

11. Gedächtnistraining – ein Kinderspiel

Kreativitätsspiele zur Verbesserung der Assoziationsfähigkeit – und wie Sie sich durch Assoziationen und Bildverknüpfungen Dinge im Alltag merken

Sie werden feststellen, dass Ihnen im Laufe des Trainings allmählich immer originellere Einfälle kommen. Sie werden von Übung zu Übung kreativer.

Wenn Sie eher ein kommunikativer Typ sind, wenn es Ihnen schnell langweilig wird, allein zu üben, können Sie diese Übung auch in Form eines Spiels mit einem Partner oder zu Hause im Familienkreis durchführen.

Im Anhang des Buchs finden Sie – als Kopiervorlage – kleine Kärtchen zum Ausschneiden: 12 Karten mit Zeichnungen von Haushaltsartikeln, 12 Karten mit Fahrzeugen, 12 Karten, auf denen Berufe dargestellt sind, 12 Karten mit Büroartikeln und -geräten und 12 Karten mit verschiedenen Lebensmitteln und Getränken.

Mit diesen Karten sind verschiedene Spiele möglich, die Ihre geistige Flexibilität und Ihre Gedächtnisleistung ungeheuer steigern und gleichzeitig auch noch Spaß machen:

Das Braining-Kreativitätsspiel

Bei diesem Spiel geht es, wie der Name schon sagt, um die Steigerung der Kreativität – Ihrer Fähigkeit, möglichst schnell und spontan lustige Assoziationen zu erfinden.

Gespielt wird zu dritt: Es gibt zwei Spieler und einen »Schiedsrichter«. Jeder der beiden Spieler erhält zwölf zusammengehörige Kärtchen und legt sie umgedreht auf einen Stapel vor sich hin. Dann decken beide Spieler ihr oberstes Kärtchen auf und legen die beiden Kärtchen nebeneinander. Die Aufgabe besteht nun darin, zwischen den beiden Bildern auf den Kärtchen möglichst schnell eine originelle Assoziation zu finden. Wer als Erster ein Assoziationsbild gefunden und in ein paar Worten beschrieben hat, erhält beide Kärtchen und legt sie neben sich. Wenn beiden Partnern gleichzeitig eine Assoziation einfällt – das wird Ihnen mit fortschreitender Übung immer häufiger passieren; es ist ein gutes Zeichen –, entscheidet der Schiedsrichter, welche der beiden Kopplungen am originellsten ist. Wer zum Schluss die meisten Karten hat, ist Sieger.

Sie können sich sicher vorstellen, dass dabei viele lustige, skurrile Bilder und Assoziationen entstehen. Stellen Sie sich z. B. vor, Sie müssten eine originelle Verknüpfung zwischen »Polizist« und »Fallschirm« finden! Oder zwischen »Briefträger« und »Rakete« oder »Bleistift« und »Pommes frites« ... Der Fantasie sind keine Grenzen gesetzt.

Das Braining-Gedächtnisspiel

Nun sind wir schon einen Schritt weiter. Bei dem folgenden Spiel geht es nicht nur um Kreativität, um das Erfinden von Assoziationen, sondern gleichzeitig auch um die Fähigkeit, sich diese Assoziationen einzuprägen und über einen längeren Zeitraum hinweg zu merken.

Es wird zu zweit gespielt. Wieder erhält jeder Spieler zwölf zusammengehörige Kärtchen auf einem Stapel. Zu Beginn dieses Spiels decken beide Spieler ihre obersten Kärtchen auf und legen sie nebeneinander auf den Tisch. Die Spieler betrachten die beiden Kärtchen eine Zeitlang schweigend, und jeder bildet für sich eine lustige Assoziation zwischen den zwei Bildern, ohne sie jedoch dem anderen mitzuteilen. Dann werden die Kärtchen umgedreht.

Mit den nächsten Kärtchen wird ebenso verfahren, bis zum Schluss zwölf umgedrehte Kärtchenpaare auf dem Tisch liegen.

Dann deckt einer der beiden Spieler das Kärtchen auf, das als Erstes auf den Tisch gelegt wurde. Und jetzt wird es spannend: Es gilt, sich an das Bild auf dem danebenliegenden, verdeckten Kärtchen zu erinnern. Wer es als Erster nennen kann, erhält die beiden Kärtchen. Wenn beiden Spielern gleichzeitig die richtige Lösung einfallen sollte, werden die Kärtchen redlich geteilt: Jeder erhält eines.

Derjenige Spieler, der zuerst die richtige Lösung wusste, darf das nächste Kärtchen aufdecken – und so geht es weiter, bis alle Kärtchenpaare aufgeräumt sind. Sieger ist natürlich wieder derjenige, der die meisten Kärtchen hat.

Bald werden Sie so weit fortgeschritten sein, dass es Ihnen gar nicht mehr schwerfällt, alle zwölf Kärtchenpaare im Gedächtnis zu behalten. Dann steigern Sie den Schwierigkeitsgrad doch einfach ein wenig: Statt zwölf Karten erhält jetzt jeder Spieler vierundzwanzig oder gar sechsunddreißig.

Das spielerische Üben zu zweit macht nicht nur mehr Spaß, sondern hat auch noch einen weiteren großen Vorteil: Wie beim Brainstorming befruchten die Teilnehmer sich gegenseitig mit ihren Ideen. Ihr Partner hat sicherlich eine etwas andere Art, zwei Dinge miteinander zu verknüpfen, als Sie, er findet Assoziationsmethoden, auf die Sie selbst nie gekommen wären und die Sie sich in Zukunft zunutze machen können. So können Sie spielerisch andere Kreativitäts- und Denkmuster kennenlernen und sich zu eigen machen.

So, jetzt habe ich Ihnen genug kluge Ratschläge gegeben. Nun schneiden Sie die Kärtchen aus den Kopien aus und üben Sie.

Habe ich wirklich die Wohnungstür abgeschlossen?

Das kennen Sie sicherlich auch: Sie verbringen den Abend auf einer Party, bei Freunden oder im Theater, aber Sie können ihn nicht so richtig genießen, weil Sie nicht sicher sind, ob Sie auch wirklich die

Wohnungstür abgeschlossen, die Alarmanlage angeschaltet, die Herdplatten oder den Grill ausgestellt haben usw. Immer wieder überkommt Sie eine Schreckensvision: Sie stellen sich vor, wie Sie spätabends nach Hause zurückkommen und dicke schwarze Rauchwolken aus Ihren Fenstern dringen oder ein Einbrecher die Wohnung ausgeräumt hat.

Dagegen gibt es ein Rezept, das mit hundertprozentiger Sicherheit wirkt. Es hat – wie könnte es auch anders sein – etwas mit unseren Assoziationspaaren zu tun. Verkoppeln Sie die Dinge, an die Sie unbedingt denken müssen, doch einfach zu ungewöhnlichen Bildern! Dann werden Sie sie ganz bestimmt nie mehr vergessen.

Sie möchten sich einprägen, dass Sie beim Verlassen Ihrer Wohnung die Wohnungstür abschließen müssen? Betrachten Sie die Türklinke intensiv und stellen Sie sich statt der Klinke einen Schlüssel vor, dessen Bart nach oben zeigt. Fühlen Sie, wie der Schlüsselbart Sie an den Händen kratzt und piekst, wenn Sie die Klinke umfassen. Sehen Sie dieses Bild jedes Mal vor sich, wenn Sie an Ihrer Wohnungstür vorbeigehen.

Wenn Sie nun die Wohnung verlassen wollen und die Klinke herunterdrücken, wird Ihnen dieses Bild dabei automatisch wieder einfallen – vorausgesetzt, Sie haben es intensiv genug vor sich gesehen –, und es wird Sie daran erinnern, die Tür abzuschließen.

Nehmen wir an, Sie möchten ein Hähnchen grillen. Es ist Ihnen schon oft passiert, dass Sie in Ihrer Vergesslichkeit nicht gleich daran dachten, den Grill auszuschalten. Heute aber dürfen Sie es auf keinen Fall vergessen, denn Sie gehen heute Abend auf eine dreitägige Geschäftsreise. Also stellen Sie sich vor, wie das Hähnchen – knusprig braun gegrillt – aus dem Grill herausgeflogen kommt und den Grill selbst ausschaltet! Dieses ungewöhnliche Bild wird sich Ihnen so intensiv einprägen, dass Sie jedes Mal daran denken, wenn Sie in die Küche gehen und den Grill sehen. So werden Sie garantiert auf keinen Fall vergessen, den Grill auszuschalten, sobald das Hähnchen fertig ist.

Sie haben sich zur Steigerung Ihrer Konzentration Vitamin-B-Tabletten gekauft. Diese Vitamine möchten Sie jeden Abend nach dem Zähneputzen einnehmen.

Sehen Sie einfach vor Ihrem geistigen Auge, wie Sie gerade Ihre Zähne putzen und noch einige Vitamintabletten im Mund haben, die beim Putzen klappern. Diese Vorstellung wird Sie ganz bestimmt an die Einnahme der Tabletten erinnern.

Ihren Chef möchten Sie daran erinnern, dass Sie für zwei Tage auf einen Fortbildungskurs gehen wollen. Damit Ihnen das einfällt, sobald Sie ihn treffen, stellen Sie sich möglichst bildhaft und plastisch vor, wie Ihr Chef als Hut einen Ordner mit Fortbildungsprogrammen trägt.

Beim Mittagessen möchten Sie daran denken, dass Sie sich in der Mittagspause das Buch *Vokabeln lernen wie im Schlaf* besorgen müssen. Stellen Sie sich vor, wie Sie in der Kantine sitzen und gerade Ihr Schnitzel anschneiden, und ... Zufällig liegt auf Ihrem Teller das besagte Buch! Beinahe hätten Sie es mit angeschnitten.

Nach dem Mittagessen möchten Sie in der Stadt noch einen bunten Blumenstrauß besorgen. Also »basteln« Sie eine besonders bildhafte Verknüpfung, damit Ihnen diese Erledigung genau nach dem Essen wieder einfällt! Da Sie nach dem Mittagessen in der Regel durch den Park Ihrer Firma schlendern, stellen Sie sich einfach vor, dass aus dem Springbrunnen im Park statt Wasser lauter bunte Blumen herausspritzen. Das genügt schon als Erinnerungsstütze.

Frau Rötting – sie wohnt einen Stock höher im Haus – möchten Sie morgen zum Geburtstag gratulieren. Wenn Sie es vergessen, ist sie todsicher beleidigt. Also stellen Sie sich Frau Rötting mit einer riesengroßen Geburtstagstorte auf dem Kopf vor. Sehen Sie in Gedanken, wie sie mit der Torte auf dem Kopf die Treppe herunterkommt.

Wenn Sie Ihren Hausmeister das nächste Mal treffen, müssen Sie ihm unbedingt sagen, er möge doch bitte die Heizung regulieren. Also stellen Sie sich vor, wie Sie dem Hausmeister als Maskottchen einen Heizkörper umhängen!

Das funktioniert garantiert immer und ist gleichzeitig eine gute Verknüpfungsübung für Sie. Versuchen Sie es einmal! Wenn Sie daran denken möchten, jemanden anzurufen, verknüpfen Sie Ihr Telefon mit dem Inhalt des Anrufs oder mit der Person, die Sie anrufen müssen, zu einem lustigen Bild. Jedes Mal, wenn Sie Ihr Telefon sehen, wird Ihnen das Bild automatisch einfallen. Wenn Sie vor dem Frühstück Tabletten einnehmen müssen, sehen Sie Ihr Frühstücksbrötchen vor sich, das statt mit Wurst oder Käse mit diesen Tabletten belegt ist. Und wenn Sie vor dem Verlassen Ihres Büros unbedingt noch etwas erledigen müssen, bauen Sie die Tür Ihres Büros oder den Fahrstuhl, mit dem Sie nach unten fahren, einfach in Ihr Assoziationsbild ein. Sobald Sie dann die Tür öffnen oder im Begriff sind, den Fahrstuhl zu betreten, wird Ihnen das Bild wieder einfallen, und Sie werden Ihre Erledigung nicht vergessen.

Wenn Sie das regelmäßig praktizieren, wird es das Problem »Vergesslichkeit« für Sie bald nicht mehr geben. Wichtige Termine, Erledigungen, Anrufe – alles können Sie sich so einprägen. Gleichzeitig ist es eine gute Übung, mit der Sie ganz nebenbei, ohne viel Zeit zu investieren, Ihr Gedächtnis trainieren können.

Entnommen aus: Roland R. Geisselhart / Marion Zerbst: *Das perfekte Gedächtnis. Hinter jeder Stirn ein Superhirn*. Zürich: Orell Füssli Verlag, 6. Aufl. 1997 (S. 66 ff.).

12. Lernen ohne Mühe – das Grundgesetz

Wie Sie die Artikel des Grundgesetzes mithilfe der Zahlensymbole im Gedächtnis speichern können

Wenn Sie sich Wissensstoff aneignen müssen – einen Artikel in einem Buch oder einer Wirtschaftszeitschrift z. B. –, werden Sie feststellen, dass es ein sehr sinnvolles Verfahren ist, sich die wichtigsten Sätze Ihres Lernstoffs mit einem farbigen Filzstift anzustreichen und dann beim zweiten Durchgang nicht mehr den ganzen Text zu lesen, sondern sich nur noch auf diese Sätze zu konzentrieren und sie mithilfe der Zahlensymbole abzuspeichern. Sie werden feststellen, dass Ihnen beim Abrufen dieser Schlüsselsätze später der restliche Inhalt des Artikels automatisch einfällt – denn diese Sätze sind die »Schubladen«, in die Sie die anderen Informationen eingeordnet haben.

Versuchen Sie es mit den ersten 12 Artikeln des Grundgesetzes.

Das Symbol der Zahl Eins ist eine Kerze; und Artikel 1 lautet: »Die Würde des Menschen ist unantastbar.« Versuchen Sie diesen Sinngehalt nun bildlich darzustellen. Würde können Sie z. B. demonstrieren, indem Sie sich einen vornehmen Menschen mit Zylinder vorstellen, den niemand antasten darf. Koppeln Sie dieses Bild nun mit »Kerze«, indem Sie den Mann eine Kerze auf dem Zylinder tragen lassen. Das dürfte als Gedächtnisstütze genügen, um Sie an die Menschenwürde in Artikel 1 zu erinnern.

In Artikel 2 heißt es: »Jeder hat das Recht auf die freie Entfaltung seiner Persönlichkeit, soweit er nicht die Rechte anderer verletzt und nicht gegen die verfassungsmäßige Ordnung oder das Sittengesetz verstößt.« Da das Symbol für 2 ein Schwan ist, stellen Sie sich folgendes Bild vor: Ein Schwan entfaltet sich, indem er mit beiden Flügeln schlagend startet. Er darf die Rechte anderer nicht verletzen – d. h., dass er andere Schwäne nicht mit seinen Flügeln schlagen darf. Und zu guter Letzt darf er auch nicht gegen das Sittengesetz verstoßen, d. h., er muss bei seinem Abflug aufpassen, dass er nichts »fallen lässt«. Okay?

Artikel 3 besagt, dass alle Menschen vor dem Gesetz gleich sind, und zwar unabhängig von Geschlecht, Abstammung, Rasse, Sprache, Heimat, Herkunft, Glauben, religiöser und politischer Überzeugung. Das ist ganz leicht zu merken:

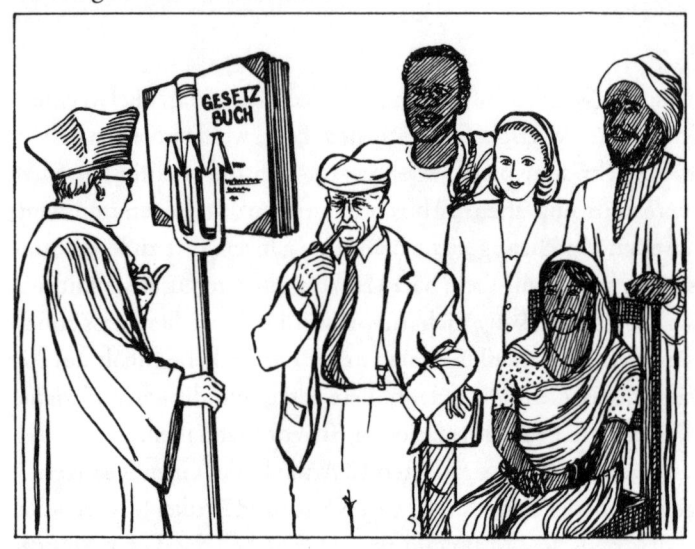

Artikel 4: Die Glaubens- und Gewissensfreiheit lässt sich leicht mit dem vierblättrigen Kleeblatt assoziieren. Das Kleeblatt bildet ein Kreuz – ein leicht einprägsames Symbol für »Glauben«. Stellen Sie sich einen Soldaten vor, der sich seiner Glaubens- und Gewissensfreiheit erinnert und demonstrativ ein Kleeblatt in seinen Gewehrlauf steckt.

Artikel 5 behandelt die Meinungs- und Pressefreiheit. Da das Zahlensymbol für 5 eine Hand ist, brauchen Sie nur vor Ihrem geistigen Auge zu sehen, wie Sie mehrere Zeitungen in der Hand halten, mit einem Freund über die Schlagzeilen diskutieren und dabei frei – ohne die Hand vor den Mund zu nehmen – Ihre Meinung sagen. Damit haben Sie die Hand gleich zweimal in Ihr Bild integriert!

Artikel 6 besagt, dass Ehe und Familie unter dem besonderen Schutz der staatlichen Ordnung stehen. Für 6 haben wir das Bildsymbol eines eingerollten Elefantenrüssels. Sehen Sie also vor Ihrem geistigen Auge, wie ein Elefant schützend seinen Rüssel um eine Frau, einen Mann und zwei oder drei Kinder schlingt.

Artikel 7 regelt das Schulwesen, das unter staatlicher Aufsicht steht. Das Zahlensymbol für 7 ist eine Fahne oder ein Wimpel: Also sehen wir viele Kinder mit einem Wimpel in der Hand in die Schule gehen. Diese Eselsbrücke genügt, um uns an die Regelung des Schulwesens durch den Staat zu erinnern.

Artikel 8 behandelt die Versammlungsfreiheit. Das Symbolbild für die Acht ist eine Sanduhr. Wir sehen ein paar Leute um einen Tisch versammelt; jeder stellt eine Sanduhr vor sich hin, wenn die Uhr abgelaufen ist, ist die Versammlung beendet.

Artikel 9: das Recht, Vereine und Gesellschaften zu bilden. Dazu können Sie sich z. B. die Ärztevereinigung mit dem Symbol der Schlange vorstellen, oder: Die Kreuzottern gründen einen Verein, um sich vor der Ausrottung durch die Menschen zu schützen.

In Artikel 10 geht es um das Brief-, Post- und Fernmeldegeheimnis. Stellen Sie sich vor, sie sind ein Spion und möchten ein geheimes Dokument verschicken. Damit es niemand entdeckt, knüllen Sie es einfach zusammen und verstecken es in einem Golfball. Den Ball stecken Sie dann in einen Briefumschlag und drücken die aufzuklebende Marke mit dem Golfschläger fest. Hinter dieses gut gehütete Geheimnis kommt bestimmt niemand!

Artikel 11 definiert die Freizügigkeit, Symbolbild Spaghetti. Sie gehen auf eine Reise, und aus Ihrem Koffer schauen an allen Seiten Spaghetti heraus.

Artikel 12: Berufsfreiheit. Nun, Sie müssen ja nicht unbedingt Uhrmacher werden, sondern können sich für jeden Beruf Ihrer Wahl entscheiden. Stellen Sie sich also einen Wecker vor, auf dem statt 12 Zahlen zwölf Berufe stehen. Wählen sie Ihren Beruf, indem Sie den Zeiger entsprechend stellen.

Testen Sie Ihr Gedächtnis!

Können Sie die 12 Grundgesetze in der richtigen Reihenfolge wiedergeben?

1 _____ ☐
2 _____ ☐
3 _____ ☐
4 _____ ☐
5 _____ ☐
6 _____ ☐
7 _____ ☐
8 _____ ☐
9 _____ ☐
10 _____ ☐
11 _____ ☐
12 _____ ☐

Nun, sind Sie zufrieden mit Ihrem Ergebnis?

Es genügt, wenn Sie den Inhalt der Grundgesetze dem Sinn nach wiedergeben konnten. Auf den genauen Wortlaut kommt es nicht an.

Diese Methode funktioniert bei Wissensstoffen aller Art. Bringen Sie sie ruhig auch Ihren Kindern bei und helfen Sie ihnen bei der Vorbereitung auf Klassenarbeiten in Fächern, die ihnen besonders schwerfallen! Sie können sicher sein, dass ihre Leistungen sich dadurch mit der Zeit erheblich verbessern werden – und gleichzeitig ist es natürlich auch eine gute Übung für Sie selbst.

Entnommen aus: Roland R. Geisselhart / Marion Zerbst: *Das perfekte Gedächtnis. Hinter jeder Stirn ein Superhirn.* Zürich: Orell Füssli Verlag, 6. Aufl. 1997 (S. 152 ff.).

13. So merken Sie sich Namen und Gesichter

Wie Sie die Eigenschaften von Personen in Bilder verwandeln und mit den Namen verknüpfen

Es ist bestimmt nicht angenehm oder sogar peinlich, wenn Sie die Namen von Personen, die Ihnen wichtig sind, verwechseln oder vergessen. Mit Recht könnten diese Menschen annehmen, Sie hätten kein Interesse an Ihnen. Jeder Mensch fühlt sich angenehm berührt oder gar geschmeichelt, wenn Sie ihn mit seinem Namen ansprechen, vor allem, wenn seit der letzten Begegnung schon geraume Zeit verstrichen ist. Wenn Sie das nun folgende Personengedächtnistraining absolviert haben, wird das kein Problem mehr für Sie sein.

Wir alle hören oft den Satz: »Ich habe diesen Menschen schon irgendwo gesehen. Ich kann mich an sein Gesicht erinnern, an den Gang, die Stimme – aber der Name fällt mir nicht ein.« Meist wird der Name, nicht das Gesicht vergessen, weil die meisten Menschen sehorientiert sind. Vielleicht hat man sich den Namen von Anfang an nicht richtig eingeprägt, auch kamen andere Eindrücke hinzu – und schon war er vergessen. Oder man hat ihn bei der Vorstellung von vornherein nicht richtig verstanden. Das passiert leider sehr häufig. Derjenige, der sich vorstellt, murmelt seinen Namen oft nur so vor sich hin. Fragen Sie bitte nach, wenn Sie ihn nicht verstanden haben. Wiederholen Sie ihn auch während der Unterhaltung öfter (natürlich ohne zu übertreiben). Er prägt sich dann wesentlich besser ein.

Das Einprägen von Namen ist für jedermann im Berufsleben und auch im privaten Bereich wichtig – seien es die Namen von Kunden, Klienten, Patienten, Kollegen, Vorgesetzten oder Untergebenen. In diesem Kapitel werden Sie lernen, sich Namen – selbst schwierige Namen, richtige Zungenbrecher – mühelos einzuprägen.

Es gibt zwei Kategorien von Namen:
1. Namen, die etwas aussagen – die eine konkrete Bedeutung haben.
2. Namen, die ohne jede Bedeutung sind – die uns nichts sagen.

Namen, die etwas aussagen

Unter den Namen, die etwas aussagen, gibt es viele, die man in die Kategorie der Berufe einordnen kann: Bäcker, Fischer, Müller, Zimmermann usw.

Auch Tiernaben sine häufig: Wolf, Fuchs, Vogel, Bär usw. Wieder eine andere Namensgruppe besteht aus zusammengesetzten, konkreten Begriffen: Goldmund, Baumgarten, Hartmann, Neumann, Kochendorf usw.

Eine andere Gruppe von Namen gewinnt durch eine leicht veränderte Schreibweise oder durch ein Weglassen oder Hinzufügen von einem oder zwei Buchstaben eine gegenständliche Bedeutung: Bardt, Floss, Tanner, Blum usw.

Wie müssen wir nun vorgehen, um uns Familiennamen so einzuprägen, dass wir sie nie wieder vergessen?

Beginnen wir mit unseren Berufsnamen

Angenommen, die Ihnen vorgestellte Person heißt *Müller*. Stellen Sie sich Ihren neuen Bekannten nun vor, wie er in seinem Anzug oder sogar im Smoking – je nachdem, in welchem Kleidungsstück Sie ihn kennengelernt haben – die schweren Getreidesäcke zur Mühle schleppt.

Sehen Sie ihn in Ihrer Vorstellung ganz deutlich, wie er gebückt geht und vielleicht über das Gewicht stöhnt.

Ähnlich verfahren Sie mit allen Namen der Berufssparte.

Nun zur Tiernamengruppe
Sehen Sie Frau *Bär*, wie sie zur Gesellschaft geht und einen Tanzbären an der Leine führt? Oder Herrn *Fuchs*, wie er sich in seinem Bau verkriecht?

Und nun ein Beispiel aus der Gruppe der zusammengesetzten Namen
Herr *Kochendorf* lassen Sie mit Schürze und Kochhaube mitten in einem kleinen *Dorf* stehen und in einem riesigen Kessel über einem großen Feuer für alle Dorfbewohner *kochen*.

Auch die Namen mit etwas anderer Schreibweise sind kein Problem
Herr *Bardt* bekommt einen wunderschönen langen *Bart*, der ihm bis zur Brust reicht. Frau *Floss* hat statt ihrer Hände *Flossen*, und Herr *Tanner* bemüht sich gerade, eine *Tanne* heimzuschleppen, die er im Wald abgesägt hat.

Namen, die ohne jede Bedeutung sind

Wenn wir nun einen Namen hören, der keine Bedeutung hat, der uns nichts sagt, dann müssen wir ihm mithilfe unserer Fantasie eine Bedeutung *geben,* denn abstrakte Wörter sind schwerer zu behalten.

Wir denken uns ein Wort aus, das so ähnlich klingt wie der Name – ein sogenanntes *Ersatzwort*. Dabei ist lediglich der Kern des Wortes wichtig; wenn Sie diesen in Ihrem Gedächtnis gespeichert haben, fällt Ihnen der Rest automatisch ein. Dazu verhilft Ihnen Ihr natürliches Gedächtnis, das trotz der Gedächtnisstützen immer noch existiert.

Nehmen wir an, bei einer Konferenz wird Ihnen ein Herr *Traimer* vorgestellt. Wie merkt man sich diesen Namen? Was für ein Ersatzwort fällt Ihnen dazu ein?

Nun, Sie könnten ihn sich vielleicht als *Träumer* vorstellen oder als Traumwandler, wie er mit vorgestreckten Armen und geschlossenen Augen auf dem Dach wandelt.

Einer Ihrer Kunden hört auf den ausgefallenen Namen Lambro. Wie merken Sie sich das?

Das ist schon ein sehr schwieriger Fall. Hier braucht man gleich zwei Ersatzwörter. Sagen Sie den Namen noch einmal vor sich hin: *Lam-bro*.

Fällt Ihnen etwas auf? Lambro klingt wie »Lamm« und »Brot«. Jetzt müssen Sie sich nur noch ein möglicht einprägsames Bild dazu einfallen lassen.

Nichts leichter als das: Herr *Lambro* geht mit einem *Laib Brot* unter dem Arm und einem scharfen Messer in der Hand auf die Weide, um ein *Lamm* zu schlachten.

Auf einer Party lernen Sie einen Herrn *Turak* kennen. Wie prägen Sie sich diesen Namen ein?

Kein Problem. Herr Turak macht eine *Tour* im *Frack*. Sehen Sie ihn im Frack einen Gipfel erklimmen oder auf dem Fahrrad sitzen, und Sie werden seinen Namen nie wieder vergessen.

Und jetzt versuchen wir es einmal mit einem richtigen Zungenbrecher: Herr *Nuskowsky*.

Welche ähnlich klingende Ersatzwörter fallen Ihnen dazu ein? Suchen Sie welche und überlegen Sie sich ein originelles Bild dazu:

Ihre Lösung hätte z. B. folgendermaßen aussehen können:
Herr *Nuskowsky* fährt mit einer *Nuss* auf dem *Kopf Ski*. Sehen Sie, wie gerade er sich halten muss, damit die Nuss nicht herunterfällt? Es spielt überhaupt keine Rolle, wie weit Sie in Ihrer Absurdität gehen. Je unsinniger das Ersatzwort, umso einprägsamer ist es. Sie werden merken, wie unglaublich erfinderisch Sie mit der Zeit werden und wie sehr Sie damit Ihre Fantasie und Ihr Gedächtnis schulen. Nur durch Übung kommt man auf die verschiedensten Kombinationsmöglichkeiten.

Aber, werden Sie sagen, was nützt es mir, wenn ich mir all diese Namen merken kann? Damit allein ist mir noch nicht geholfen. Wichtig ist doch, dass ich mir auch die Gesichter einpräge und sie den richtigen Namen zuordnen kann. Das ist der nächste Schritt unserer Übung.

Fällt es Ihnen schwer, sich Gesichter zu merken? Dieses Problem lässt sich mit ein wenig Training leicht beheben.

Zunächst einige grundsätzliche Ratschläge und Anregungen zum Einprägen von Gesichtern.

Interessieren Sie sich für menschliche Gesichter, studieren Sie sie. Schauen Sie sich die Gesichter der Menschen, die Ihnen auf der Straße entgegenkommen oder die Ihnen im Restaurant gegenübersitzen, genau an.

Fällt Ihnen dabei etwas auf?

Die linke Hälfte eines Gesichts ist immer etwas anders als die rechte Hälfte des Gesichts.

Bei manchen Gesichtern ist die Oberpartie mehr betont; bei anderen mehr die Mittel- oder Unterpartie.

Fast jedes Gesicht – selbst wenn es Ihnen auf den ersten Blick alltäglich erscheint – hat irgendein hervorstechendes Merkmal, etwas, was Ihnen besonders auffällt.

Das ist für unsere Methode von entscheidender Bedeutung. Wichtig ist, dass Ihnen am Gesicht Ihres Gegenübers ein *für Sie* auffallendes Merkmal ins Auge sticht, wie z. B. dicke Nase, lebhafte Augen, hohe Stirn, fleischige Lippen, große oder abstehende Ohren, langer Bart, markante Falten, Linien oder Narben, Glatze, hervortretende Backenknochen usw. Wenn Sie nicht gleich auf Anhieb so ein Merkmal finden, wenn Sie glauben, ein sogenanntes »Dutzendgesicht« vor sich zu haben, studieren Sie das Gesicht ein wenig genauer, beobachten Sie auch die Mimik Ihres Gegenübers. Dann wird Ihnen mit Sicherheit irgendetwas auffallen.

Wenn Sie diese Methode anwenden und regelmäßig üben, wird es Ihnen nicht schwerfallen, sich Gesichter einzuprägen.

Und jetzt müssen Sie nur noch eine Brücke zwischen dem Gesicht und dem Ersatzwort schlagen, das Sie für den Namen der betreffenden Person gefunden haben.

Vielleicht ahnen Sie bereits, wie man dabei vorgeht. Denken Sie daran: Unser Gedächtnistraining beruht auf dem Prinzip der Assoziation, der Verknüpfung.

Verbinden Sie einfach das auffallende Merkmal im Gesicht des Menschen mit dem Namensbild.

Lassen sie sich eine unmögliche Verknüpfung – Assoziation – einfallen. Je verrückter, desto einprägsamer. Je gegenständlicher, desto leichter merkbar. Je abstrakter, desto weniger einprägsam. Zum Beispiel:

Frau *Knoll* trägt die Haare hinten zu einem Knoten zusammengebunden. Der Knoten erinnert uns an eine *Sellerieknolle*.

Herr *Kämmler* ist immer sorgfältig frisiert. Wir denken uns seinen *Kamm* noch in den Haaren steckend. Dieser Kamm wird uns automatisch an den Namen Kämmler erinnern.

Herr *Krauter* hat eine Frisur wie der Struwwelpeter.

Wir sehen vor unserem geistigen Auge, wie seine Haare sich zu *Kräutern* formen.

Herr *Fellmer* hat einen auffallenden Schnauzbart. Stellen Sie sich vor, wie der Bart nach und nach seinen ganzen Körper überwuchert, zu einem *Fell* wird.

Herr *Bolei* hat eine Glatze. Wir schütten etwas Ananas-*Bowle* darauf und zerschlagen darauf ein *Ei* (aufpassen: Das ist kein Haarwuchsmittel, sondern nur eine Merkhilfe).

Immer, wenn wir Herrn Bolei sehen, werden wir an die Ananas-Bowle und das Ei denken und sofort seinen Namen wissen.

Herr *Hollberger* hat eine besonders markante Nase mit großen Nasenlöchern. Stellen Sie ihn auf einen *Berg* zu Frau *Holle* und lassen Sie es aus seiner Nase heraus schneien, bis der ganze Berg schneebedeckt ist.

Anfangs sollte Ihr Bild so ausgeschmückt und reich an Details wie möglich sein. Später, nach einigen Tagen oder Wochen Training, genügen schon ganz wenige Erinnerungsstützen.
Wenn Ihnen im Gesicht des betreffenden Menschen beim besten Willen kein markantes Merkmal auffällt, können Sie sich auch auf andere Eigenheiten stützen, z. B. auf die Sprechweise, die Gangart, die Haltung, die Gebärden und Ähnliches. Je mehr Übung Sie haben, umso rascher wird es Ihnen gelingen, ein passendes Ersatzwort für den Namen, ein geeignetes Merkmal und eine möglichst originelle Verbindung von beidem zu finden.

Entnommen aus: Roland R. Geisselhart / Marion Zerbst: *So merke ich mir Namen und Gesichter*. München: Delphin-Verlag 1993 (S. 50 ff.).

14. Cocktailparty

Wie Sie Namensbilder schaffen, mit Personennamen zu verknüpfen und sich so an die Namen von Partygästen erinnern

Im ersten Schritt sehen Sie sich bitte die Personen auf der Party an. Irgendetwas fällt Ihnen bei jedem Menschen auf. Das ist dann Ihr auffälliges Merkmal für ebendiese Person. Es ist wesentlich schwieriger, sich Fotos zu merken, als die Menschen in natura, weil die komplette Ausstrahlung fehlt. Auch können Sie auf einem Bild keine Mimik und Gestik ausmachen. Aus diesen Gründen ist es zulässig, auch merk-würdige, auffällige Merkmale am Foto an sich zu benutzen. Also z. B. ein auffälliger Hintergrund oder etwas Ähnliches. Das funktioniert zwar in der Realität, also später beim Anwenden in der Praxis, nicht wirklich, aber dann haben Sie dafür das ganze Verhalten und alle Bewegungen der Person.

Sie betreten die Cocktailparty und schauen sich, bevor Sie den anderen Gästen vorgestellt werden, diese erst einmal mit etwas Distanz an. Welche Merkmale fallen Ihnen auf? Schreiben Sie es unter das Foto. Voilà, hier sind sie:

Für mich ist auffällig:	Für mich ist auffällig:	Für mich ist auffällig:	Für mich ist auffällig:

Für mich ist auffällig:	Für mich ist auffällig:	Für mich ist auffällig:	Für mich ist auffällig:

Die erste Hürde ist genommen. Hoffe ich doch, oder? Sie haben zu jedem Foto ein auffälliges Merkmal. Der nächste Schritt ist das »Verbildern« des Namens. Schreiben Sie nun das Namensbild unter die Fotos und verknüpfen Sie dann sogleich das Merkmal mit dem Namensbild. Auch das können Sie wieder direkt unters Foto schreiben. Los geht's:

Neumann	Knoblauch	Scheelen	Ritz

Mein Namensbild:	Mein Namensbild:	Mein Namensbild:	Mein Namensbild:
Meine Verknüpfung:	Meine Verknüpfung:	Meine Verknüpfung:	Meine Verknüpfung:

Goldfuß	Brandenburg	Raffler	Laubrinus

Mein Namensbild:	Mein Namensbild:	Mein Namensbild:	Mein Namensbild:
Meine Verknüpfung:	Meine Verknüpfung:	Meine Verknüpfung:	Meine Verknüpfung:

Das war's auch schon. Nun können Sie gleich wieder testen, wie gut Ihr Namensgedächtnis bereits ist. Sehen Sie sich die Fotos an und achten Sie, wie ganz am Anfang, erst einmal auf die auffälligen Merkmale, die Sie sofort sehen. Damit müsste dann ja auch das Bild des Namens verbunden sein. Für den Einstieg sehen Sie alle Namen noch einmal über allen Fotos. Dies ist etwas einfacher, weil Sie die Namen eigentlich nur verteilen müssen. Für den Anfang reicht das aber auch.

Ihre Lösungen
Neumann, Knoblauch, Scheelen, Ritz, Goldfuß, Brandenburg, Raffler, Laubrinus

Herr/Frau   Herr/Frau   Herr/Frau   Herr/Frau

Herr/Frau   Herr/Frau   Herr/Frau   Herr/Frau

Und? Alle wiedererkannt? Wenn nicht: Wir legen doch gerade erst mit dem Namenmerken los! Also immer locker bleiben. Es ist noch kein Namenmerk-Meister vom Himmel gefallen.

Hier nun wieder wie gewohnt meine Vorschläge zu den auffälligen Merkmalen der Partypeople und zu den entsprechenden Verbilderungen der Namen. Auch das Verknüpfen ist nicht immer einfach. Aber das dürften Sie schon gemerkt haben. Deshalb also für alles hier gleich ein paar Beispiele.

Neumann
- Auffälliges Merkmal: der klare Himmel mit den kleinen Wolken im Hintergrund.
- Namensbild: der neue Mann.
- Verknüpfung: Das ist unser neuer Mann, und er ist so gut, dass er gleich zum Himmel aufsteigt. Deshalb schaut er schon mal hoch.

Knoblauch
- Auffälliges Merkmal: breiter Mittelscheitel.
- Namensbild: Knoblauch.
- Verknüpfung: die Glatze mit Knoblauch einreiben.

Scheelen
- Auffälliges Merkmal: dichtes, schwarzes und kräftiges Haar.
- Namensbild: schälen (Obst schälen).
- Verknüpfung: Schälen Sie ihm die Haare, dann hat er eine Glatze.

Ritz
- Auffälliges Merkmal: der Zopf und die geöffnete Bluse.
- Namensbild: Hotel Ritz, Ritze.
- Verknüpfung: Der Zopf wächst in den Ritz der Bluse.

Goldfuß
- Auffälliges Merkmal: glänzende, hohe Stirn und der Schnauzer.
- Namensbild: der goldene Fuß.
- Verknüpfung: Damit seine Stirn wie Gold glänzt, poliert er diese mit dem Gold-Fuß. Der Schnauzer besteht aus zwei Goldbarren.

Brandenburg
- Auffälliges Merkmal: die langen Haare.
- Namensbild: Brandenburger Tor in Berlin.
- Verknüpfung: Sie sitzt auf dem Brandenburger Tor und lässt Ihre Haare herab, wie Rapunzel.

Raffler
- Auffälliges Merkmal: Der Hintergrund sieht aus wie ein Heiligenschein.
- Namensbild: raffen und leer.
- Verknüpfung: Der Heiligenschein ist nur Tarnung. In Wirklichkeit rafft er alles leer.

Laubrinus
- Auffälliges Merkmal: die Brille.
- Namensbild: Laub, Laubbrille, rief Nuss, Rizinus.
- Verknüpfung: Mit seiner speziellen Laubbrille kann er durch Laub sehen. Er sucht mit der Laubbrille eine Nuss.

Mit diesen Verknüpfungen dürfte es Ihnen nun sehr leicht fallen, die Namen zuzuordnen. Wenn Sie vorher nicht zufrieden waren mit Ihrer Leistung, so machen Sie die Übung jetzt noch einmal.

Entnommen aus: Oliver Geisselhart: *Kopf oder Zettel? Ihr Gedächtnis kann wesentlich mehr als Sie denken.* Offenbach: GABAL Verlag, 5., erw. Aufl., 2013 (S. 143 ff.).

15. Eine weitere Übung – Nachrichten abspeichern

Wie Sie Listen und Abfolgen von Ereignissen schnell abspeichern können

Nehmen wir einmal an, Sie sitzen abends vor dem Fernseher und schauen die Nachrichten an. Jetzt lassen wir das Verknüpfen einmal weg und schießen das Symbolbild einfach beim Kernpunkt der Nachrichtenmeldung in den Bildschirm (natürlich gedanklich).

Als erste Meldung erhalten wir eine Übertragung aus Hamburg. Dort ist Hochwasser. Die Keller sind überschwemmt. Die Feuerwehr ist emsig beim Auspumpen. Stellen Sie sich einfach vor, wie Sie die Kerze (Symbol für 1) in einen Keller vor die Feuerwehr werfen. Es genügt, das Bild eine Zehntelsekunde vor Augen zu sehen.

Die zweite Meldung erhalten Sie aus Berlin. Dort sind Studentenunruhen. Sie sehen Demonstranten mit Transparenten durch die Straßen ziehen. Sie schleudern den flatternden Schwan mitten unter die Menschenmenge. Deutlich sehen, das ist ausreichend.

Als Drittes sehen wir uns auf der Erfindermesse in Nürnberg. Deutsche Ingenieure haben aus Styropor Hartschaum-Wochenendhäuser entwickelt, die sehr leicht, wärmeisoliert und preisgünstig sind. Nehmen Sie den Dreizack und spießen Sie in Gedanken ein Styroporhaus auf.

Als vierte Meldung erhalten wir ein Bild aus Tokio. Dort ist die Luft verschmutzt: Smogalarm. Die Behörden hängen alle hundert Meter am Straßenrand Sauerstoffflaschen auf. Kleben Sie ein Kleeblatt darauf, fertig.

Die fünfte Nachricht bekommen wir direkt von der Mündung des Amazonas in Südamerika. Englische Sporttaucher haben ein altes U-Boot entdeckt, geöffnet, und siehe da – es ist voll mit Goldbarren. Halten Sie Ihre Hand darauf und greifen Sie die Barren.

Sechstens: Sudenten haben in Freiburg etwas gegen das Waldsterben getan, indem sie die Tannenspitzen gegen den sauren Regen mit Kalk angestrichen haben. Stellen Sie sich vor, der Elefant hätte den Kalk mit dem Rüssel hochgespritzt.

Nummer sieben: Die Amerikaner haben eine Sonde zum Planeten Venus geschickt, die soeben mit Gesteinsproben zurückgekehrt ist. Sehen Sie sich, wie Sie die Flagge in die Gesteinsproben stecken.

Achte Meldung: Einigen Konstrukteuren in Zürich ist es endlich gelungen, das erste fliegende Auto zu erproben. Bei Parkplatznot drücken Sie auf einen Knopf, erheben sich mit Ihrem Wagen in die Lüfte und landen auf der nächsten Wiese. Besonderes Kennzeichen: Große Sanduhr als Kühlerfigur.

Die neunte Nachricht: Antarktisforscher haben einen Schneemenschen aus dem ewigen Eis herausgehackt, am Ofen aufgetaut, und plötzlich spricht dieser fließend Englisch. Da erhebt sich eine Schlange aus seinem buschigen Haar.

Zehntens: Die Gedächtnistrainer Europas treffen sich im Münchner Hilton. Jeder hat hundert nummerierte Witze mit der Bildpointe des Witzes gekoppelt. Einer ruft 27, alle lachen. Ein anderer ruft 39. Niemand lacht. Da stößt ihn sein Nebenmann mit dem Ellbogen an und flüstert: »Wissen Sie, Herr Kollege, es kommt immer darauf an, *wie* man einen Witz erzählt«. Alle gehen zum Golfspiel vor das Hotel. Einer ruft 101. Alle lachen, denn das war ein neuer Witz.

Erfolgskontrolle in Stichworten

1 _____

2 _____

3 _____

4 _____

5 _____

6 _____

7 _____

8 _____

9 _____

10 _____

Derjenige Leser, der bei den vorangegangenen Übungsbeispielen »mitgemacht« hat, kann nun die einzelnen Nachrichtenmeldungen bzw. Erledigungen in beliebter Reihenfolge sinngemäß wiederholen. Eine konsequente Anwendung der Geisselhart-Methode verbessert die Gedächtnisleistung entscheidend. Zweifellos kommt dies dem Einzelnen sowohl beruflich als auch privat zugute.

Nun sind Sie bald so weit, dass Sie die Methode auf Vokabeln anwenden können.

Herzlichen Glückwunsch zum Durchhalten!

Sie werden reich belohnt werden und Ihre Fähigkeiten verdreifachen.

Vergegenwärtigen Sie sich noch einmal kurz:

Mit den Zahlensymbolen 1 bis 10 war es ganz leicht, sich 10 Erledigungen (oder auch etwas anderes) per Verknüpfung zu merken. Das Beeindruckende daran ist, dass Sie diese Fakten nun in und außerhalb der Reihenfolge – sowohl vorwärts als auch rückwärts – abrufen können.

Verblüffen Sie Ihre Freunde einmal damit, wenn Sie dies zu Hause, »im stillen Kämmerlein«, geübt haben. Merken Sie sich auch einmal
- eine Einkaufsliste mit unerledigten Sachen,
- eine Bestsellerliste vom Büchermarkt,
- eine Namensliste und die ersten zehn Schlagzeilen der heutigen Zeitung.

Wenn Sie unterschiedliche Dinge mit den Zahlensymbolen verknüpfen, die sich leicht durch den gesunden Menschenverstand voneinander abgrenzen lassen (z. B. Erledigungen und Zeitungsschlagzeilen), so besteht keinerlei Verwechslungsgefahr, selbst dann nicht, wenn sie die Symbole täglich verwenden.

Entnommen aus: Roland R. Geisselhart / Oliver Geisselhart: *Power-Tool Gedächtnis. Die Techniken der Weltmeister in einfachen Übungen.* Regensburg: Walhalla, 7., aktual. Aufl. 2011 (S. 66 ff.).

16. Konzentration

Übungen zum Visualisieren – sich mit allen Sinnen konzentrieren

Bei Ihren Visualisierungsübungen haben Sie sicherlich schon festgestellt, dass Sie ohne maximale Konzentration nicht viel erreichen. Ist Ihnen aber auch klar geworden, verehrter Leser, dass Sie sich mit allen fünf Sinnen – Sehen, Hören, Spüren, Riechen und Schmecken – auf etwas konzentrieren können?

Das möchten wir Ihnen jetzt im Detail vorführen:

»Konzentration« ist ein Begriff, den die meisten von Ihnen mit »Lernen« in Verbindung bringen. Und da ist denn auch der Zusammenhang zwischen Konzentration sowie Sehen und Hören unmittelbar einleuchtend. Plausibel ist noch, dass der Tastsinn eine Bedeutung hat; er spielt bei Handwerkern für das Lernen eine große Rolle, er fördert sozusagen »Lernen durch Tun«.

Der Geruchs- und der Geschmackssinn dagegen sind beim Lernen nicht allzu wichtig, höchstens in Randsituationen wie z. B. bei einer Weinprobe.

Nun geht es für Sie aber nicht um die alltägliche Lernsituation, sondern doch eher um die Konzentration, die Sie auf dem Weg zum Genie immer wieder aufbringen müssen.

Aufgabe:
Konzentrieren Sie sich einmal fünf Minuten lang auf Ihre Gedanken. Schließen Sie die Augen und beobachten Sie den Weg, den Ihre Gedanken nehmen, verfolgen Sie sie mit Ihrer ganzen Aufmerksamkeit.

Anschließend halten Sie die wichtigsten Eindrücke fest:
1.
2.
3. ... (mindestens 10 Eindrücke)

Diese Übung ist wichtig, weil Sie dabei etwas Abstand zu den eigenen Gedanken bekommen. Sie lässt sich immer wieder in kleinen »Zeitpausen« Ihres Alltags ganz unauffällig praktizieren, z. B. beim Rasieren oder Duschen, beim Joggen, in der Warteschlange im Supermarkt usw.
Je öfter Sie diese Beobachtungen machen, umso leichter wird es Ihnen fallen, Ihre Gedanken dann auch in eine bestimmte Richtung zu lenken, d. h. auf eine bestimmte Sache zu konzentrieren.
Lassen Sie uns nun unsere Gedanken und alle fünf Sinne einmal einsetzen, um uns völlig auf ein Bild, eine Zielvorstellung zu konzentrieren:

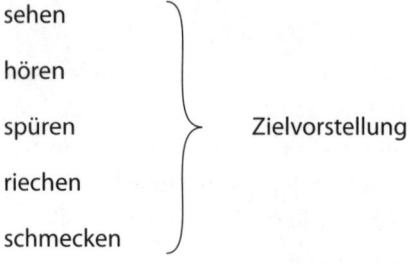

Nehmen wir an, Sie möchten Ihren nächsten Urlaub am Meer verbringen.

Dann *sehen* Sie jetzt vor Ihrem geistigen Auge einen langen Sandstrand. Sie sehen Sonnenschirme, Badetücher und viele Menschen, die wie Sie ihre Ferien genießen.

Sie *hören* auch vieles, z. B. das typische Geräusch der Brandung, die Rufe der Kinder, Satzfetzen in verschiedenen Sprachen, vielleicht saust Ihnen sogar der Wind in den Ohren.

Stellen Sie sich nun vor, es wäre sehr heiß und Sie säßen bei Gezeitenwechsel an der Flutgrenze: An den Füßen *spüren* Sie die Wellen, die schon langsam kürzer werden, mit den Händen tasten Sie den

Sand ab: Hinter Ihnen ist er trocken und rieselt durch die Finger, vor Ihnen ist er nass und matschig und verlockt Sie dazu, eine kleine Burg zu bauen. Sie spüren auch den leichten Wind auf der Haut, nehmen das Frösteln wahr, das er verursacht, und genießen gleichzeitig die warme Sonne auf Ihrem Rücken.

Nun schließen Sie die Augen und *riechen* das Meer: Sie riechen den Sand, den leichten Duft nach Sonnenöl, der von den vielen Menschen ausgeht, den typischen Geruch des Meerwassers.

Und wenn Sie mit der Zunge an Ihren Fingern lecken oder über Ihre Lippen fahren, können Sie deutlich das Meersalz *schmecken*.

Seien Sie ehrlich: Haben Sie bei dieser kleinen Fantasie-Reise nicht auch etwas Fernweh bekommen?

Sicherlich haben Sie selbst bemerkt: Indem Sie sich auf einen oder mehrere Sinneseindrücke konzentrieren, können Sie eine beliebige Wunschvorstellung in Ihrem Inneren auf ganz intensive Art lebendig werden lassen.

Um nun Ihre Wahrnehmung über alle fünf Sinnes-Kanäle ganz gezielt zu fördern, lösen Sie die folgende.

Aufgabe:

a) Stellen Sie sich einen beliebigen Gegenstand vor, z. B. einen Baum. Versuchen Sie, ihn mit allen Einzelheiten vor sich zu *sehen*: mit Blättern, Zweigen, Ästen, Stamm, Früchten, mit seinem Schatten usw.
Halten Sie sich diese Vorstellung so lange wie möglich vor Ihr inneres Auge und lassen Sie sich nicht unterbrechen.
Stellen Sie sich den Baum mit all der Ihnen möglichen Konzentration mindestens eine Minute lang vor.
b) Wiederholen Sie diese und alle folgenden Übungen bei jeder Gelegenheit und steigern Sie die Dauer nach und nach auf jeweils fünf Minuten!
c) *Hören* Sie einmal so lange wie möglich ein bestimmtes Geräusch, z. B. das Singen eines Vogels, das Ticken einer Wanduhr, das Rauschen eines Wasserfalls. Schalten Sie alle anderen Eindrücke, vor allem das Sehen, innerlich ganz aus und konzentrieren Sie sich nur auf das Hören.

d) Stellen Sie sich nun vor, Sie sitzen in der Sauna und schwitzen. Sobald Sie das Gefühl der Wärme spüren, versuchen Sie, es zu halten.
Üben Sie mit Wärme und Kälte, mit Hunger und Durst, Müdigkeit, Schwere usw., und geben Sie auch diesmal acht, dass sich nicht automatisch optische Vorstellungen dazugesellen.
e) Riechen Sie in Ihrer Vorstellung einen ganz bestimmten Duft, seien es Rosen, Nelken, Äpfel, ein Lieblingsparfum o. Ä.
Halten Sie auch diesen Eindruck fest, ohne ein optisches Bild dazukommen zu lassen.
f) Als Letztes konzentrieren Sie sich nun auf einen Geschmack. Am einfachsten ist es, wenn Sie die Übung mit den klassischen Geschmacksrichtungen süß/sauer/bitter/salzig beginnen; dann wählen Sie einen beliebigen Geschmack.
Wichtig ist, dass Sie die entsprechende Speise nicht vor sich sehen, sondern sich voll und ganz auf das Schmecken konzentrieren.

Sie haben bei der Beschäftigung mit diesen Aufgaben bemerkt, dass Ihnen die Konzentration mit manchen Sinnen deutlich leichter fällt als mit anderen; aus genau diesem Grund raten wir Ihnen, die Übungen wirklich so oft zu wiederholen, bis Sie sich mit *jedem* der fünf Sinne auf einen spezifischen Eindruck fünf Minuten lang ohne Unterbrechung konzentrieren können.

Das schwächste Glied bestimmt die Stärke einer Kette, deshalb sollten alle Glieder möglichst gleich stark sein. Nur so erreichen Sie eine Ausgewogenheit Ihrer persönlichen Wahrnehmungen, ein Gleichgewicht der Eindrücke.

Wir wollen nun noch einen Schritt weiter gehen und die so geschulten Sinne miteinander kombinieren:

Aufgabe: Üben Sie die Konzentration von zwei oder mehr Sinnen gleichzeitig:
a) – Sehen und hören Sie fünf Minuten lang einen Wasserfall.
– Riechen und schmecken Sie ein bestimmtes Essen, z. B. Sauerkraut.
– Spüren und hören Sie einen Regenschauer im Wald.

– Sehen, riechen und schmecken Sie reife Erdbeeren.
– Sie sitzen an einem lodernden, knisternden, angenehme Wärme verbreitenden, nach Tannenharz duftenden Kaminfeuer. Sehen, hören, spüren und riechen Sie es?!
b) Gehen Sie nochmals zurück zu unserer anfänglichen Fantasie-Reise ans Meer. Konzentrieren Sie sich mit allen fünf Sinnen mindestens fünf Minuten lang darauf.

Halten Sie Ihre wichtigsten Eindrücke danach schriftlich fest:
1.
2.
3. ... (mindestens 10 Eindrücke)

Durch ausdauerndes, beharrliches Üben werden Sie die gleichmäßige Konzentration mit allen fünf Sinnen erreichen und ausbauen; und schon bald können Sie eine beachtliche Konzentrationsfähigkeit erlangen. Solche Übungen stärken Geist und Willenskraft, und Sie werden wesentlich klarer denken und effektiver arbeiten.

Je konzentrierter Sie bei der Visualisierung alle fünf Sinne einsetzen, umso intensiver, lebendiger und wirkungsvoller werden Ihre Zielvorstellungen sein.

Entnommen aus: Roland R. Geisselhart / Christiane Burkart: *Spielend leicht zum Supergedächtnis*. München: dtv 2002 (S. 98 ff.).

17. Zwanzig Englischvokabeln in fünf Minuten

Wie Sie in Ihrem Kopfkino Englischvokabeln mit ihren Bedeutungen verknüpfen und so lernen

100 oder 200 Vokabeln in nur einer Stunde lernen ...

... funktioniert wirklich. Unsere beiden Bücher *Schieb das Schaf – Mit Wortbildern hundert und mehr Englischvokabeln pro Stunde lernen* (hierin enthalten sind 1.500 fix und fertig verbilderte Englischvokabeln zum Sofortbehalten) und *Liebe am O(h)r – Mit Wortbildern hundert und mehr Spanischvokabeln lernen* (hierin enthalten sind 1.500 fix und fertig verbilderte Spanischvokabeln zum Sofortbehalten) haben es bereits eindeutig bewiesen. Die Resonanz war unglaublich. Der Erfolg ebenso. *Schieb das Schaf* war bei Amazon sogar auf Platz 1. Also war es der bestverkaufte Buchtitel von über 10.534.000 verschiedenen lieferbaren Büchern bei Amazon! Es hielt sich wochenlang in den Top 100 der Gesamtbücher-Bestseller-Liste. *Liebe am O(h)r* schaffte es auf Platz 6 bei Amazon. Was wir ziemlich witzig fanden. Platz 6 für ein Buch mit »Liebe« im Titel!

Die Mails und Dankschreiben, welche wir erhielten, überstiegen unsere kühnsten Träume. Eltern die sich freuten, weil ihre Tochter eine Eins im Vokabeltest schrieb, ältere Herrschaften, die ihr Englisch oder Spanisch auffrischen wollten, Business-Menschen, Manager, die Englisch oder Spanisch lernen mussten, Schüler, Studenten, Hausfrauen und -männer, Azubis, Arbeiter, Verkäufer, Ärzte und Vorstände. Menschen die lernen müssen oder wollen oder Leute, die einfach nur Spaß mit den lustigen Verbilderungen hatten: Aus allen

Schichten, in jedem Alter, für etliche Anwendungen – *Schieb das Schaf* schob so viel positives und überwältigendes Feedback in unsere Büros. Wir waren überrascht und bestätigt zugleich. *Liebe am O(h)r* setzte das Ganze fort. Das sich solche »Vokabelbücher« gut verkaufen würden, davon waren wir überzeugt. Der Verlag auch. Dass die Bücher aber gleich so einschlagen würden, damit hatte keiner gerechnet. Mittlerweile gibt es einen Extra-Vortrag zum Vokabelthema. Firmen buchen uns, um Mitarbeiter zu coachen. Denn so effektiv haben die noch nie gelernt. Es ist klar machbar, in nur vier Stunden 400 Englisch-, Spanisch- oder sonstige Vokabeln dauerhaft bei den Mitarbeitern zu verankern! Schulen und Universitäten laden uns ein.

Der Höhepunkt aber war sicher der Deutsche Schulleiterkongress im März 2012 in Düsseldorf. Dort durfte ich, Oliver Geisselhart, einen Vortrag vor über 1.000 Schulleitern halten. Und: Sie waren begeistert! Wir hätten ja vor einem solchen Publikum doch eher mit etwas Skepsis gerechnet. Aber nein, die Schulleiter haben es mit offenem Geist angenommen. Der Run auf *Schieb das Schaf* (*Liebe am O(h)r* wurde erst danach veröffentlicht) im Anschluss an den Vortrag war gigantisch. Und auch dort wurde von den meisten der Wunsch nach weiteren Büchern dieser Art geäußert. Meist mit dabei: Spanisch und Italienisch! Und um den zahlreichen Anfragen nach einem »Spanischvokabelbuch« und einem »Italienischvokabelbuch« nachzukommen, haben wir dann *Liebe am O(h)r – mit Wortbildern hundert und mehr Spanischvokabeln lernen* geschrieben. Und eben jetzt, 2013, *Lutsche das Licht – Mit Wortbildern hundert und mehr Italienischvokabeln lernen* (siehe weiter hinten in diesem »Best of Geisselhart«). Wir sind gespannt, wie es mit diesem Buch vorangeht (*Lutsche das Licht* wurde erst nach der Manuskriptabgabe zum »Best of Geisselhart« veröffentlicht).

Wer *Schieb das Schaf* oder *Liebe am O(h)r* bereits kennt, hat die Erfahrung, gleich in der Einleitung in nur 45 Minuten die ersten 100 Englisch- bzw. Spanischvokabeln abzuspeichern, ja schon gemacht. So ganz nebenbei. Und mit Spaß. Ein paar Erklärungen kennen die »Schaf- und Liebefans« schon. Genauso wie die Erklärung der Technik im Allgemeinen. Sie beherrschen also nach der Lektüre nicht nur die ca. 1.500 Englisch-, Spanisch- bzw. Italienischvokabeln. Sondern Sie haben auch die »LaGeiss«-Technik drauf. Damit lernen Sie Vokabeln aller Sprachen effizient, schnell und dauerhaft.

Okay, legen wir los. Just do it!

Die Englischvokabeln lernen

Lesen Sie den unten stehenden Text aufmerksam durch. Stellen Sie sich jede der zehn Szenen bildhaft vor. Auf der Leinwand Ihres Kopfkinos sollten Sie die Situationen so sehen, als hätten Sie sie gerade eben tatsächlich beobachtet. Am besten funktioniert das, wenn Sie direkt nach dem Lesen jeder Szene die Augen schließen. Verweilen Sie bei jeder Szene bzw. jedem Bild ca. 5 bis 10 Sekunden. Lassen Sie auch die Gefühle zu, die Sie hätten, wenn Sie die Szene in Wirklichkeit erleben würden. Wenn Sie alle zehn Szenen verbildert haben, werden Ihnen Fragen gestellt, die Sie dann beantworten sollen.

Nun geht es los:
1. Wenn man mit dem Zauberstab die Wand berührt, kann man durch diese hindurchgehen.
2. Meine Zunge ist mit Seetang umwickelt.
3. Kommissar Derrick hängt an einem Lastkran.
4. Auf der Totenbahre steht ein Bier.
5. Weil er zu viel Koffein pur zu sich nahm, landete er direkt im Sarg.
6. Ein Meerschweinchen rennt in einem Käfig herum.
7. Drei Frau'n haben Stirnrunzeln.
8. Ein Ruder mit einem Ohr als Ruderblatt.
9. Claudia Schiffer zittert am ganzen Körper.
10. Am Flaschenzug hängt ein Pulli.

Wenn Sie wirklich jede Szene deutlich im Geiste gesehen haben, beantworten Sie bitte folgende Fragen:

1. Was steht auf der *Totenbahre*? _____

2. Wer hat *Stirnrunzeln*? _____

3. Wer *zittert* am ganzen Körper? _____

4. Wo rennt das *Meerschweinchen* herum? _____

5. Wer hängt am *Lastkran*? _____

6. Was hat das *Ruder* als Ruderblatt? _____

7. Warum landete er im *Sarg*? _____

8. Womit ist meine *Zunge* umwickelt? _____

9. Was muss ich mit dem *Zauberstab* berühren? _____

10. Was hängt am *Flaschenzug*? _____

Nun, wie viele Antworten haben Sie richtig? Bei mehr als sieben Richtigen darf ich Ihnen gratulieren. Bei weniger als sieben kann ich Ihnen Mut zusprechen, denn: Man kann diese Lerntechnik verbessern und optimieren.

Hiermit haben Sie schon die ersten Vokabeln gelernt. Ja, tatsächlich! Denn, wenn Sie wissen, was am Flaschenzug hängt (genau: ein Pulli), dann wissen Sie auch, was Flaschenzug auf Englisch heißt: pulli (=pulley)! Und Totenbahre heißt demnach? Genau: bier. Es wird sogar genauso geschrieben. Und wenn Sie noch wissen, wer am ganzen Körper zittert, haben Sie auch diese Vokabel gelernt: Denn zittern heißt auf Englisch: to shiver.

Sollten Sie also alle zehn Antworten gewusst haben, haben Sie zehn Vokabeln gelernt!

Gleich geht's weiter mit noch einmal zehn Kopf-Szenen. Sehen Sie diese bitte auch wieder so wie gerade vor Ihrem geistigen Auge.

1. Der *Gefängnisdirektor* ist ein richtiger Wadenbeißer und beißt allen Insassen in die *Waden*.
2. Beim *Schäfer scheppert* das Essgeschirr, wenn er läuft.
3. Stan *Laurel* (der »Doofe« von »Dick und Doof«) hat einen *Lorbeer*kranz auf dem Kopf.
4. *Männer,* die keine *Manieren* haben.
5. Der liebe Gott schreibt seine Memoiren und überlegt sich ernsthaft, ob er den *Menschen erwähnen* soll.
6. Immer wenn Kinder in einen *Snickers*-Schokoriegel beißen, fangen sie zu *kichern* an.
7. Der Hund *bellt,* wenn er mit einem *Gürtel* geschlagen wird.
8. Von der *Fliese/Kachel* ist ein *Teil* abgebrochen.
9. Tarzan schenkt *Jane* eine *Kette*.
10. Im *Frühling* werden wieder alle *Spring*brunnen eingeschaltet.

Und jetzt beantworten Sie bitte diese Fragen:

1. Wohin beißt der *Gefängnisdirektor* allen Insassen? _____
2. Wenn der *Schäfer* läuft, dann … sein Essgeschirr. _____
3. Wer hat die *Lorbeeren* auf dem Kopf? _____
4. Wer hat keine *Manieren*? _____
5. Der liebe Gott schreibt seine Memoiren. Wen, überlegt er, soll er überhaupt *erwähnen*? _____
6. *Was* müssen Kinder essen, *damit* man sie zum *Kichern* bringt?
7. Was tut der Hund, wenn man ihn mit dem *Gürtel* schlägt? Er …

_____

8. Was ist von der *Fliese/Kachel* abgebrochen? _____

9. Wem hat Tarzan eine *Kette* geschenkt? _____

10. Was wird im *Frühling* wieder eingeschaltet? _____

Na? Wie viele Antworten wussten Sie diesmal? Vielleicht mehr als sieben? Vielleicht weniger? Auf jeden Fall dürften es fürs Erste gar nicht so wenige gewesen sein. Wenn Sie Ihr Kopfkino gut im Griff hatten, müsste es geklappt haben.

Auf jeden Fall haben Sie gerade eben Vokabeln gelernt. Eventuell haben Sie bemerkt, dass Sie gerade Englischvokabeln gelernt haben, vielleicht haben Sie es aber auch nicht bemerkt.

Vergleichen Sie nun Ihre Antworten mit den im Folgenden angegebenen »Möglichen Antworten«. In der Spalte »Englisch« sehen Sie die Übersetzung des deutschen Wortes, daneben – in der Spalte »Aussprache« – eine etwas merkwürdige Lautschrift, die Ihnen aber mehr bringt als die Lautschrift, die in Schulbüchern und Wörterbüchern verwendet wird. Bei »Aussprache« steht die englische Vokabel genauso in Deutsch geschrieben, wie sich diese anhört. »Totenbahre« z. B. heißt auf Englisch »bier«. Ausgesprochen wird es »biä«. Und »biä« klingt wie »Bier« – also das Bier zum Trinken. Gut, hier sieht die Schreibweise des englischen Wortes genauso aus wie das deutsche Wort »Bier«.

Auf der Totenbahre steht ein Bier. – Unser Gedächtnis findet solche Bilder spannender als die bloßen Begriffe. Der Trick ist also, die Vokabel als Bild mit der entsprechenden Übersetzung als Bild zu verknüpfen. Verknüpfen bedeutet hier: beide Bilder in ein Bild, in eine Szene oder in einen Film zu integrieren. So wollen Sie »Totenbahre« auf Englisch sagen und sehen sofort, weil verknüpft gelernt, das darauf stehende »Bier«. Und schon haben Sie die Übersetzung. In den meisten Fällen läuft dieser Bilderabruf unbewusst und sehr schnell ab. Dies werden Sie schon bald selbst merken.

»Stirnrunzeln« heißt auf Englisch »frown«. Ausgesprochen wird das Wort: »Fraun«, also umgangssprachlich, schnell gesprochen, wie »mehrere Frauen«. Und weil wir beides wieder in ein Bild für unser Gedächtnis integrieren müssen, stellen wir uns einfach ein paar *Fraun* mit *Stirnrunzeln* vor. Das ist leicht, schnell gemacht und bleibt im Gedächtnis!

Deutsch	Mögliche Antwort	Englisch	Aussprache
Totenbahre	Bier	bier	biä
Stirnrunzeln	Frauen/Frau'n	frown	fraun
zittern	Claudia Schiffer	shiver	schiwwä
Meerschweinchen	Käfig	cavy	käivi
Lastkran	Derrick	derrick	därrik
Ruder	Ohr	oar	oäh
Sarg	Koffein	coffin	cafin
Zunge	(See)Tang	tongue	tang
Zauberstab	Wand	wand	wohnd
Flaschenzug	Pulli/Pullover	pulley	pulli
Gefängnisdirektor	Waden	warden	wohden
Schäfer	scheppert	shepherd	schäppärd
Lorbeeren	Stan Laurel	Laurel	lohrel
Manieren	Männer	manners	männä
erwähnen	Menschen	mention	menschn
kichern	Snicker/Schokoriegel	snicker (snigger)	snickäs
Gürtel	bellt	belt	belt
Fliese/Kachel	Teil	tile	tail
Kette	Jane	chain	tschäin
Frühling	Spring-brunnen	spring	spring

Unglaublich: Sie haben gerade mal so nebenbei 20 Vokabeln gelernt und wissen diese morgen auch noch – ohne sie zu wiederholen!

Testen Sie sich doch gleich einmal richtig! Tragen Sie die entsprechenden Vokabeln in die unten stehende Liste ein und vergleichen Sie Ihre Einträge dann mit den Tabellen weiter vorne. Auf die richtige Schreibweise brauchen Sie jetzt noch nicht achtzugeben. Hier ist erst einmal wichtig, dass Sie die Vokabel sprechen können. Folglich können Sie auch unsere Spezial-Lautschrift verwenden.

Deutsch			
Totenbahre			
Stirnrunzeln			
zittern			
Meerschweinchen			
Lastkran			
Ruder			
Sarg			
Zunge			
Zauberstab			
Flaschenzug			
Gefängnis-direktor			
Schäfer			
Lorbeeren			
Manieren			
erwähnen			
kichern			
Gürtel			
Fliese/Kachel			
Kette			
Frühling			

Der Aha-Effekt

Wenn Sie jetzt verwundert sind, dass Sie so viele Vokabeln so einfach behalten haben, dann ist das absolut normal. Fragen Sie sich nun: »Warum hat mir das bis jetzt noch niemand beigebracht?« – Kein Englischlehrer, kein Pädagoge, auch nicht Ihre Eltern haben Ihnen wahrscheinlich gezeigt, wie man Vokabeln schneller und nachhaltiger lernt. Sie sehen also: Dieses Buch war überfällig.

Entnommen aus: Oliver Geisselhart / Helmut Lange: *Schieb das Schaf. Mit Wortbildern hundert und mehr Englischvokabeln pro Stunde lernen*. München: mvg Verlag 2012 (S. 7 ff.).

Der Anfangsabschnitt »100 oder 200 Vokabeln in nur einer Stunde lernen …« ist entnommen aus: Oliver Geisselhart / Helmut Lange: *Lutsche das Licht. Mit Wortbildern hundert und mehr Italienischvokabeln pro Stunde lernen*. München: mvg Verlag 2013 (S. 1 ff.).

18. Vokabellernen leicht gemacht – die wichtigsten Tipps auf einen Blick

Wie Sie erst die Vokabel, dann ihre Bedeutung »verbildern« und dann beides verknüpfen

Die Vokabel verbildern

- Welches andere Wort hört sich ähnlich an?
  »Bolso« (span. Tasche) hört sich ähnlich an wie »bolzen« (Fußball spielen).
  Diese Ähnlichkeit reicht dem Priming, dem Ähnlichkeitsgedächtnis, schon. Es muss also keineswegs perfekt sein, ähnlich reicht. Roland Geisselhart (Oliver Geisselharts Onkel) hat deshalb schon in den späten sechziger Jahren die »Egal-Regel« kreiert: Egal, wenn es nicht hundertprozentig passt, Hauptsache, es ist im Klang einigermaßen ähnlich; es reicht auch, wenn nur die erste Silbe passt.
- Vokabel in Silben zerhacken, und für jede einzelne Silbe oder für zusammengefasste Silben nach ähnlichen Worten suchen:
  »cubare« (Lat. liegen) wird so zu »cu«, »ba«, »re«. Aus »cu« wird »Kuh«, »ba« und »re« zusammengefasst ergibt »Bahre«.
- Aus den Silben neue Worte kreieren
  »helios« (griech. Sonne) wird so zu »he«, »li«, »os«. Daraus entstehen die Worte »Helikopter«, »Liege«, »*O*stern«. Bild: Im Helikopter steht eine Liege mit Ostereiern darauf.
- Vokabel nicht in Silben, sondern entsprechend passend zerhacken
  Bei »vendredi« (frz. Freitag), ausgesprochen woandredie, wären die Silben »ven«, »der«, »di«. Besser passt: »vend«, »red«, »i«. Also: »Wand«, »rede«, »ich«.

- Einzelne Buchstaben der Vokabel doppelt benutzen
  Bei »hostigar« (span. bedrängen), ausgesprochen ostigar, könnte man das T doppelt benutzen: einmal für »Os*t*« und das zweite Mal für »*T*iger«.
- Dialekte und andere Sprachen mit einbeziehen
  »L'embouchure« (frz. die Flussmündung), ausgesprochen loambuschür, klingt ähnlich wie »Lampenschirm«, auf Schwäbisch ausgesprochen: »Loambeschürm«.

So reagiert ein »Betroffener« auf unser Buch

Die Bedeutung der Vokabel verbildern

- Oft ist die Bedeutung schon ein Bild.
  Zum Beispiel ist die Bedeutung von »cubare« »liegen«, und »liegen« ist ein Bild.
- Sollte die Bedeutung kein Bild sein, benutzen Sie das erste, spontane Bild (wie bei den Vokabeln selbst), das Ihnen beim Aussprechen der Bedeutung in den Sinn kommt.
  Zum Beispiel ist die Bedeutung von »but« (englisch für »aber«), gesprochen batt, kein Bild.
- »Aber« ist nun mal kein Bild. Die erste spontane Assoziation könnte vielleicht die Band »Abba« sein. »Abba« hört sich ähnlich an wie »aber«.

Beide Bilder verknüpfen

- Die Verknüpfung sollte möglichst skurril sein. Eine liegende Kuh auf einer Bahre ist skurril.
- Denken Sie nicht lange nach, die erste Verknüpfungsidee ist meist die beste.
- Konzentrieren Sie sich auf den Kern und lassen Sie Unnötiges weg.
- Sehen und erleben Sie das Verknüpfungsbild bzw. den Verknüpfungsfilm deutlich in Ihrem Kopfkino.
- Die Verknüpfung sollte alle Sinnesorgane ansprechen.
- Beziehen Sie Gefühle mit ein.

Und nun testen Sie selbst, wie gut Sie im »Verbildern« von Vokabeln bereits sind. Sollten Sie alle Englischvokabeln durchgearbeitet haben, haben Sie ja genug Anregung erhalten. Halten Sie sich bitte an die obigen Regeln und achten Sie nicht so sehr auf die Zeit, die Sie benötigen. Schnelligkeit kommt von ganz alleine.

Lassen Sie Ihrer Fantasie freien Lauf und nehmen Sie die ersten Bilder, die in Ihrem Kopf Gestalt annehmen. In der Klammer hinter den folgenden Vokabeln finden Sie die korrekte Aussprache, falls diese von der Schreibweise abweicht. Das ist wichtig, denn Ihre Bilder sollten auf der Aussprache basieren! Hören Sie sich also die folgenden Vokabeln sprechen und erfinden Sie dazu Ihre individuellen Bilder. Unsere Vorschläge folgen später. Los geht's:

choukran (schukran)
Mein Bild: _____

livre (liefre)
Mein Bild _____

bolso (bolso)
Mein Bild: _____

sorcerer (sorserer)
Mein Bild: _____

primavera (primavera)
Mein Bild: _____

Nun folgen die Verknüpfungen. Das erste Bild haben Sie ja gerade entwickelt. Das zweite Bild ist die Bedeutung der jeweiligen Vokabel. Dieses wird mit dem ersten Bild verknüpft. (Wie oben bei »cubare«.) In der Klammer dahinter steht die Sprache.

Verknüpfen Sie also jetzt das Vokabelbild mit dem Bedeutungsbild.

choukran (schukran) Danke (Arabisch)
Meine Verknüpfung _____

livre (liefre) Buch (Französisch)
Meine Verknüpfung: _____

bolso Tasche (Spanisch)
Meine Verknüpfung: _____

sorcerer (sorserer) Zauberer (Englisch)
Meine Verknüpfung: _____

primavera Frühling (Italienisch)
Meine Verknüpfung: _____

Ob Ihre Verknüpfungen erfolgreich waren, erfahren Sie im folgenden Test.

Danke heißt auf Arabisch: _____

Buch heißt auf Französisch: _____

Tasche heißt auf Spanisch: _____

Zauberer heißt auf Englisch: _____

Frühling heißt auf Italienisch: _____

Das Ganze funktioniert natürlich auch andersherum, also aus der Fremdsprache ins Deutsche.

choukran (schukran) heißt auf Deutsch: _____

livre (liefre) heißt auf Deutsch: _____

bolso heißt auf Deutsch: _____

sorcerer (sorserer) heißt auf Deutsch: _____

primavera heißt auf Deutsch: _____

Sollten Sie hierbei noch Probleme gehabt haben, so kann ich Sie hoffentlich beruhigen: Sie sollten erst einmal ca. 100 Vokabeln selbstständig verbildert und verknüpft haben, dann erst klappt es richtig. Aber: Es muss ja nicht bei jeder Vokabel gelingen! Zu Beginn wenden Sie die Geisselhart-Technik eben nur bei den Vokabeln an, bei denen sich

Ihnen das Bild praktisch aufdrängt. Mit der Zeit wird dies immer häufiger passieren. Und dann klappt es relativ zügig bei den meisten Vokabeln. Und ganz wichtig: Perfektion weckt auch hier immer noch Aggression. Es muss nicht bei jeder Vokabel gelingen! Freuen Sie sich über die, bei denen es klappt.

Ob Sie jemals so viel trainieren bzw. anwenden, dass Sie, wie oben erwähnt, in nur einer Stunde 200 Vokabeln schaffen, ist gar nicht so wichtig. Wenn Sie nur halb so gut werden, schaffen Sie bereits 100 Vokabeln in nur einer Stunde oder 50 in einer halben. Und das ist doch auch ein toller Wert! Der ist übrigens für jeden gesunden Normalsterblichen zu erreichen. Wenn Sie täglich ca. eine halbe Stunde Vokabeln lernen, sollten Sie diese Zahl nach ungefähr ein bis zwei Monaten erreichen.

Dann sind Sie auch in der Lage, eine neue Sprache, zumindest vom nötigen Wortschatz her, in nur einem Monat zu erlernen! Welche Zeitersparnis! Überlegen Sie: Sie lernen täglich 50 Worte. Diese sollten natürlich die richtigen sein, also genau die, die Sie später tatsächlich brauchen. Schauen Sie sich einmal in einer guten Buchhandlung um. Dort gibt es Vokabelbücher mit häufig gebrauchten umgangssprachlichen Vokabeln. Bei 50 Vokabeln täglich schaffen Sie 250 in fünf Tagen. Am Wochenende wiederholen Sie diese noch einmal. Dies machen Sie drei Wochen lang, dann haben Sie 750 Vokabeln gelernt. Damit sind Sie schon ziemlich fit und können alles sagen, was Sie wollen. Natürlich ist Ihre Synonymauswahl begrenzt, aber was soll's? Die vierte Woche gehört allein der Wiederholung aller 750 Vokabeln. Wer dann zwischendurch noch die wichtigsten Grammatikregeln lernt, kommt im Ausland prächtig klar. Und das nach nur einem Monat!

Also, worauf warten Sie noch? Gehen Sie in die nächste Buchhandlung und fangen Sie an! Erfolg buchstabiert man T-U-N! Das ist bei Gedächtnistechniken genauso wie beim Fremdsprachenlernen oder in jedem anderen Bereich. Für den Anfang starten Sie einfach mit weiteren Englischvokabeln.

Ach ja, fast hätten wir es vergessen – und das darf uns ja nicht passieren: hier noch unsere Verknüpfungsvorschläge für obige Vokabeln:

choukran (schukran)   Danke (Arabisch)
Hört sich an wie »Schuh« und »Kran«.
Bild: Mein Schuh fiel ins Wasser. Er wird mit einem Kran herausgefischt. Ich sage: »Danke«.

livre (liefre)   Buch (Französisch)
Hört sich an wie »liefre«, »liefern« auf Schwäbisch.
Bild: Ich lasse mir also ein Buch liefre.

bolso (bolso)   Tasche (Spanisch)
Hört sich ähnlich an wie »bolzen«, »Fußball spielen«. Und ähnlich wie »beult so«.
Bild: Die Kinder bolzen mit einer Tasche.
Bild: Ich brauche eine neue Tasche, meine alte beult so.

Sorcerer (sorserer)   Zauberer (Englisch)
Klingt wie »Sauciere« oder auch wie »Sauce rührn«, »rühren«.
Bild: Der Zauberer zaubert also leckere Sauce in die Sauciere.
Bild: Wer ständig in der Sauce rührt (oder im Zaubertrank), muss wohl ein Zauberer sein.

Primavera (primawera)   Frühling (Italienisch)
Besteht aus »prima« und »Vera«.
Bild: Prima ruft Vera und hüpft im Frühling umher.

Entnommen aus: Oliver Geisselhart / Helmut Lange: *Schieb das Schaf. Mit Wortbildern hundert und mehr Englischvokabeln pro Stunde lernen*. München: mvg Verlag 2012 (S. 39 ff.).

19. Zwanzig Spanischvokabeln in fünf Minuten

Wie Sie mit der Geisselhart-Technik Spanisch-Vokabeln lernen

Nun sind die Spanischvokabeln dran:

Lesen Sie den unten stehenden Text wieder aufmerksam durch. Stellen Sie sich auch hier wieder jede der zehn Szenen bildhaft vor. Auf der Leinwand Ihres Kopfkinos sollten Sie die Situationen so sehen, als hätten Sie sie gerade eben tatsächlich beobachtet. Am besten funktioniert das, wenn Sie direkt nach dem Lesen jeder Szene die Augen schließen. Verweilen Sie pro Szene bzw. Bild ca. 5 bis 10 Sekunden. Lassen Sie auch die Gefühle zu, die Sie hätten, wenn Sie die Szene in Wirklichkeit erleben würden. Wir können es nicht oft genug betonen. Wenn Sie alle zehn Szenen verbildert haben, werden Ihnen Fragen gestellt, die Sie dann beantworten sollen.

Nun geht es los:

1. Jemand sitzt im *Kanu* und spielt *Bongo* (bongo).
2. Heute gibt es *Brote* (brote) mit *Sprossen*.
3. Ein *Orca*-Wal (horca) hängt an einem *Galgen*.
4. Ein *Inder mit Ente* (intermitente) Citroen CV2 repariert einen *Blinker*.
5. Meine (Tante mit Lackfummel) *Lack-Tante* (lactante) stillt einen *Säugling*.
6. Die *Mango* hat einen *Griff*. Damit man sie vielleicht besser essen kann.
7. Ein Läufer rennt als Erster durchs *Ziel* und wird mit *Lametta* (la meta) von den Fans beworfen

8. Eine *Bärin* (mit rosa Röckchen – soll ja auch eine Bärin und kein Bär sein) trinkt *O-Saft* (osa).
9. Mit einem *Bügeleisen* im *Plantsch*becken (plancha) die Wasseroberfläche glatt bügeln.
10. Aus einer runden *Rama* (rama) Margarine wächst ein *Zweig* durch den runden Deckel.

Wenn Sie wirklich jede Szene deutlich im Geiste gesehen haben, beantworten Sie bitte folgende Fragen:

1. Wo hält sich der Typ auf, der *Bongo* spielt? _____
2. Womit sind die *Brote* belegt? _____
3. Wo hängt der *Orka*-Wal? _____
4. Was reparierte der *Inder mit Ente*? _____
5. Was macht die *Lack-Tante*? _____
6. Was besitzt die *Mango,* um sie besser essen zu können? _____
7. Wann wird der Läufer von den Fans mit *Lametta* beworfen? ____
8. Wer trinkt *O-Saft*? _____
9. Was mache ich im *Plantsch*becken? _____
10. Was wächst aus der *Rama*schachtel heraus? _____

Nun, wie viele Antworten haben Sie richtig? Bei mehr als sieben Richtigen dürfen wir Ihnen gratulieren. Bei weniger als sieben können wir Ihnen Mut zusprechen, denn: Man kann diese Lerntechnik verbessern und optimieren.

Hiermit haben Sie schon die ersten Vokabeln gelernt. Ja, tatsächlich! Denn wenn Sie wissen, wer am Galgen hängt (genau: der Orca), dann wissen Sie auch, was Galgen auf Spanisch heißt: Orca (= horca)! Und Kanu heißt demnach? Genau: bongo. Es wird sogar genauso geschrieben. Und wenn Sie noch wissen, wer den Blinker repariert hat, haben Sie auch die Vokabel »Blinker« gelernt: Denn »Blinker« heißt auf Spanisch: intermitente (Inder mit Ente, Citroen 2CV).

Sollten Sie also alle zehn Antworten gewusst haben, haben Sie zehn Vokabeln gelernt!

Gleich geht's weiter mit noch einmal zehn Kopf-Szenen. Sehen Sie diese bitte auch wieder so wie gerade vor Ihrem geistigen Auge.

1. Ein *Rechtsanwalt* hält eine *Avocado* (abogado) in seiner Hand.
2. Ein *Lammbraten* (lambrada) ist mit *Stacheldrahtzaun* umwickelt.
3. Eine *dicke* (dique) Frau sitzt auf dem *Deich*.
4. Auf den *Balear*en (balear) *schießen* alle wild um sich.
5. In der *Unterhose* steckt ein *Bombenarsch* (bombacha).
6. Der *Kasper* (caspa) vom Kasperltheater schüttelt seine *Kopfschuppen* ins Publikum.
7. Prince William gibt seiner *Kate* (cate) auf dem Balkon des Buckinghampalasts eine *Ohrfeige*.
8. *Schmeichelei* (camelo): »Du hast die schönsten Höcker, die ein *Kamel* nur haben kann.«
9. Am Ende des *Pfad*es steht ein *Kamin* (camino).
10. Der *Caro* (caro) ist *teuer* geworden.

Und jetzt beantworten Sie bitte diese Fragen:

1. Was hält der *Rechtsanwalt* in seiner Hand? _____
2. Was ist mit *Stacheldraht* umwickelt? _____
3. Wer sitzt auf dem *Deich*? _____
4. Wo *schießen* alle wild um sich? _____
5. Was steckt in der *Unterhose*? _____
6. Wer verliert seine *Kopfschuppen*? _____
7. Wem gibt Prince William eine *Ohrfeige* auf dem Balkon des Buckinghampalasts? _____

9. Tierische *Schmeichelei*: »Du hast die schönsten ...« – Zu welchem Tier sagt man das? _____

10. Was steht am Ende des *Pfades*? _____

11. Was ist extrem *teuer* geworden? _____

Na? Wie viele Antworten wussten Sie diesmal? Vielleicht mehr als sieben? Vielleicht weniger? Auf jeden Fall dürften es fürs Erste gar nicht so wenige gewesen sein. Wenn Sie Ihr Kopfkino gut im Griff hatten, müsste es geklappt haben.

Auf jeden Fall haben Sie gerade eben wieder Vokabeln gelernt. Und wenn Sie es oben nicht schon gelesen hätten, hätten Sie es wahrscheinlich gar nicht gemerkt. Aber es waren schon wieder zehn neue Spanischvokabeln.

Vergleichen Sie nun Ihre Antworten mit den im Folgenden angegebenen »Möglichen Antworten«. In der Spalte »Spanisch« sehen Sie die Übersetzung des deutschen Wortes, daneben – in der Spalte »Aussprache« – eine etwas merkwürdige Lautschrift, die Ihnen aber mehr bringt als die Lautschrift, die in Schulbüchern und Wörterbüchern verwendet wird. Bei »Aussprache« steht die spanische Vokabel genauso in Deutsch geschrieben, wie sich diese anhört. »Galgen« z. B. heißt auf Spanisch »horca«. Ausgesprochen wird es »orka«. Und »orka« klingt wie »Orca« – also wie der große Schwertwal »Orcinus Orca«.

Ein *Orca*-Wal hängt am *Galgen*. – Unser Gedächtnis findet solche Bilder spannender als die bloßen Begriffe. Der Trick ist also, die Vokabel als Bild mit der entsprechenden Übersetzung als Bild zu verknüpfen. Verknüpfen bedeutet hier: beide Bilder in ein Bild, in eine Szene oder in einen Film zu integrieren. So wollen Sie »Galgen« auf Spanisch sagen und sehen sofort, weil verknüpft gelernt, den daran hängenden »Orca«. Und schon haben Sie die Übersetzung. In den meisten Fällen läuft dieser Bilderabruf unbewusst und sehr schnell ab. Sie müssen also in der Praxis nicht erst lange an die Bilder denken und träumen, um auf die gesuchte Vokabel zu kommen. Dies werden Sie schon bald selbst merken.

»Rechtsanwalt« heißt auf Spanisch »abogado«. Ausgesprochen wird das Wort: »abogado«. Das klingt wie »Avocado« im Deutschen. Und weil wir beides wieder in ein Bild für unser Gedächtnis integrieren müssen, stellen wir uns einfach einen *Rechtsanwalt* mit einer *Avocado* vor. Das ist leicht, schnell gemacht und bleibt im Gedächtnis!

Deutsch	Mögliche Antwort	Spanisch	Aussprache
Kanu	Bongo	bongo	bongo
Sprossen	Brote	brote	brote
Galgen	Orca	horca	orka
Blinker	Inder mit Ente	intermitente	intermitente
Säugling	Lack-Tante	lactante	lacktante
Griff	Mango	mango	mango
Ziel	Lametta	meta, la	La meta
Bärin	O-Saft	osa	osa
Bügeleisen	Plantschbecken	plancha	Plantscha
Zweig	Rama	rama	rama
Rechtsanwalt	Avokado	abogado	abogado
Zaun	Lammbraten	alambrada	alambrada
Deich	dicke Frau	dique	dicke
schießen	Balearen	balear	balear
Unterhose	Bombenarsch	bombacha	bombatscha
Kopfschuppen	Kasper	caspa	kaspa
Ohrfeige	Kate	cate	kate
Schmeichelei	Kamel	camelo	kamelo
Pfad	Kamin	camino	kamino
teuer	Caro	caro	karro

Unglaublich: Sie haben gerade mal so nebenbei 20 Vokabeln gelernt und wissen diese morgen auch noch – ohne sie zu wiederholen!

Testen Sie sich doch gleich einmal richtig! Tragen Sie die entsprechenden Vokabeln in die unten stehende Liste ein und vergleichen Sie Ihre Einträge dann mit den Tabellen weiter vorne. Auf die richtige Schreibweise brauchen Sie jetzt noch nicht achtzugeben. Hier ist erst einmal wichtig, dass Sie die Vokabel sprechen können. Folglich können Sie auch unsere Spezial-Lautschrift verwenden.

Deutsch	Mögliche Antwort	Spanisch	Aussprache
Kanu			
Sprossen			
Galgen			
Blinker			
Säugling			
Griff			
Ziel			
Bärin			
Bügeleisen			
Zweig			
Rechtsanwalt			
Zaun			
Deich			
schießen			
Unterhose			
Kopfschuppen			
Ohrfeige			
Schmeichelei			
Pfad			
teuer			

Entnommen aus: Oliver Geisselhart / Helmut Lange: *Liebe am O(h)r. Mit Wortbildern hundert und mehr Spanischvokabeln pro Stunde lernen.* München: mvg Verlag 2012 (S. 10 ff.).

20. Zwanzig Italienischvokabeln in fünf Minuten

Und so lernen Sie mit der Geisselhart-Technik Italienisch-Vokabeln

Weiter geht es mit Italienischvokabeln.
Bitte gehen Sie genauso konzentriert vor wie bei den Englisch- und Spanischvokabeln.
1. In einem *Kürbis* wird *Zucker* (zucca) eingefüllt.
2. Im *Tal* ist eine Bären*falle* (valle) aufgestellt.
3. Den *Teer* an der *Schere* (tergere) kann man nicht so einfach *abwischen*.
4. Am *Schuhabsatz* klebt ein *Taco* (tacco) (mexikanische Speise).
5. Alle meine *Schuh-Paare* (sciupare) sind *abgenutzt*.
6. *Dreh* (tre) das E, dann hast du eine *3*.
7. Man kann sich auf einem *Dach täto*wieren (tetto) lassen.
8. Mit *Tesa* (tesa) die Hut*krempe* befestigen.
9. Und in diesem *Zimmer* steht die Münz*stanze* (stanza).
10. Sylvester *Stallone* (stallone) ist ein toller *Hengst*.

Wenn Sie wirklich jede Szene deutlich im Geiste gesehen haben, beantworten Sie bitte folgende Fragen:

1. Was wird in den *Kürbis* eingefüllt? _____

2. Was ist im *Tal* aufgestellt? _____

3. Was kann man nicht so einfach *abwischen*? _____

4. Was klebt am *Schuhabsatz*? _____

5. Was ist *abgenutzt*? _____
6. Was muss man tun, um aus dem E eine *3* zu machen? _____
7. Was kann man auf dem *Dach* mit sich machen lassen? _____
8. Womit wird die Hut*krempe* befestigt? _____
9. Und was steht in diesem *Zimmer*? _____
10. Wer ist ein toller *Hengst*? _____

Nun, wie viele Antworten haben Sie richtig? Bei mehr als sieben Richtigen dürfen wir Ihnen gratulieren. Bei weniger als sieben können wir Ihnen Mut zusprechen, denn: Man kann diese Lerntechnik verbessern und optimieren.

Hiermit haben Sie schon die ersten Vokabeln gelernt. Ja, tatsächlich! Denn wenn Sie wissen, was im Tal aufgestellt wird (genau: eine Bärenfalle), dann wissen Sie auch, was »Tal« auf Italienisch heißt: »valle«! Und »Hutkrempe« heißt demnach? Genau: »tesa«. Es wird sogar genauso geschrieben. Und wenn Sie noch wissen, wer ein toller Hengst ist, haben Sie auch die Italienischvokabel für »Hengst« gelernt: Denn Hengst heißt auf Italienisch »stallone«.

Sollten Sie also alle zehn Antworten gewusst haben, haben Sie zehn Vokabeln gelernt!

Gleich weiter geht's mit noch einmal zehn Kopf-Szenen. Sehen Sie diese bitte auch wieder so wie gerade vor Ihrem geistigen Auge.

1. Die *Rothaari*ge (rotare) *dreht* sich im Kreis.
2. Am *Apfelbaum* wachsen *Melo*nen (melo).
3. Der Kalender für Messerfetischisten: Für jeden *Monat* ein anderes *Mes*ser (mese).
4. Eine riesige *Fliege* landet auf dem roten Platz in *Moska*u (mosca).
5. Man sieht viele *Monde* (monte) um den Gipfel des *Berges*.
6. Die *Nachtschwester* ist die *Tante* in der *Not* (nottante).
7. Auf dem *Nacken* liegt ein Stück *Nouga*t (nuca).
8. Mit der Fliegen*patsche* (pace) für den *Frieden* demonstrieren.
9. Den *Porree* (porre) kann man *stellen*, *legen* und *setzen*.

10. Wenn der T-Rex den Brontosaurus anruft, meldet er sich nicht mit »hallo!«, sondern mit »*bronto*« (pronto)!

Und jetzt beantworten Sie bitte diese Fragen:

1. Was macht die *Rothaar*ige? _____
2. An welchem Baum wachsen die *Melo*nen? _____
3. Spezieller Kalender: Ein *Messe*r für jeden ... _____
4. Wer landet auf dem roten Platz in *Moska*u? _____
5. Wo sieht man viele *Monde*? _____
6. Welchen Beruf hat die *Not-Tante*? _____
7. Wo liegt das Stück *Nouga*t? _____
8. Wofür demonstriert man mit einer Fliegen*patsche*? _____
9. Was kann man sowohl *stellen*, *legen* und *setzen*? _____
10. Wenn der T-Rex den Brontosaurus anruft, was sagt der Brontosaurus am Telefon statt »*hallo*«? _____

Na? Wie viele Antworten wussten Sie dieses Mal? Vielleicht mehr als sieben? Vielleicht weniger? Auf jeden Fall dürften es fürs Erste gar nicht so wenige gewesen sein. Wenn Sie Ihr Kopfkino gut im Griff hatten, müsste es geklappt haben.

Auf jeden Fall haben Sie gerade eben wieder Vokabeln gelernt. Und wenn Sie es oben nicht schon gelesen hätten, hätten Sie es wahrscheinlich gar nicht gemerkt. Aber es waren schon wieder zehn neue Italienischvokabeln.

Vergleichen Sie nun Ihre Antworten mit den im Folgenden angegebenen »Möglichen Antworten«. In der Spalte »Italienisch« sehen Sie die Übersetzung des deutschen Wortes, daneben – in der Spalte »Aussprache« – eine etwas merkwürdige Lautschrift, die Ihnen aber mehr bringt als die Lautschrift, die in Schulbüchern und Wörterbüchern verwendet wird. Bei »Aussprache« steht die italienische Vokabel genauso in Deutsch geschrieben, wie sich diese anhört. »Tal« z. B. heißt auf Italienisch »valle«. Ausgesprochen wird es »walle«. Und »Falle« klingt eben ähnlich wie »walle« – und deshalb ist es leicht für Ihr Hirn, von »Bärenfalle« auf »walle« zu kommen.

Im *Tal* steht eine *Bärenfalle*. – Unser Gedächtnis findet solche Bilder spannender als die bloßen Begriffe. Der Trick ist also, die Vokabel als Bild mit der entsprechenden Übersetzung als Bild zu verknüpfen. Verknüpfen bedeutet hier: beide Bilder in ein Bild, in eine Szene oder in einen Film zu integrieren. Wenn Sie also »Tal« auf Italienisch sagen wollen, sehen Sie sofort, weil verknüpft gelernt, die dort stehende »Bärenfalle«. Und schon haben Sie die Übersetzung. Unser »Ähnlichkeitsgedächtnis«, der Gedächtnisforscher Prof. Dr. Hans Joachim Markowitsch hat es entdeckt und nennt es »Priming«, kommt damit gut klar. Denn das Wort »Falle« ist ähnlich genug, um das Wort »walle« hervorzurufen. In den meisten Fällen läuft dieser Bilderabruf unbewusst und sehr schnell ab. Sie müssen also in der Praxis nicht erst lange an die Bilder denken und träumen, um auf die gesuchte Vokabel zu kommen. Dies werden Sie schon bald selbst merken.

»Hutkrempe« heißt auf Italienisch »tesa«. Ausgesprochen wird das Wort wie das bekannte Klebeband »tesa«. Und weil wir beides wieder in ein Bild für unser Gedächtnis integrieren müssen, stellen wir uns einfach eine *Hutkrempe* mit *Tesa* befestigt vor. Das ist leicht, schnell gemacht und bleibt im Gedächtnis!

Deutsch	Mögliche Antwort	Italienisch	Aussprache
Kürbis	Zucker	zucca	zucca
Tal	Bärenfalle	valle	walle
abwischen	Teer an der Schere	tergere	tärdschere
Schuhabsatz	Taco	tacco	tacko

Deutsch	Mögliche Antwort	Italienisch	Aussprache
abgenutzt/ abnutzen	Schuh-Paare	sciupare	schupahre
drei	Dreh	tre	träh
Dach	tätowieren	tetto	tetto
Hutkrempe	Tesa	tesa	tesa
Zimmer	Münzstanze	stanza	stanza
Hengst	Sylvester Stallone	stallone	stalloone
drehen	Rothaarige	rotare	rotaare
Apfelbaum	Melonen	melo	mehlo
Monat	Messer	mese	mese
Fliege	Moskau	mosca	moska
Berg	Monde	monte	monte
Nachtschwester	Tante in der Not	nottante	nottante
Nacken	Nougat	nuca	nuka
Frieden	Fliegenpatsche	pace	paatsche
stellen, legen, setzen	Porree	porre	porre
Hallo (am Telefon)	bronto	pronto	pronto

Unglaublich: Sie haben gerade mal so nebenbei 20 italienische Vokabeln gelernt und wissen diese morgen auch noch – ohne sie zu wiederholen!

Testen Sie sich doch gleich einmal richtig! Tragen Sie die entsprechenden Vokabeln in die unten stehende Liste ein und vergleichen Sie Ihre Einträge dann mit der Tabelle weiter vorne. Auf die richtige Schreibweise brauchen Sie jetzt noch nicht achtzugeben. Hier ist erst einmal wichtig, dass Sie die Vokabel sprechen können. Folglich können Sie auch unsere Spezial-Lautschrift verwenden.

Deutsch	Mögliche Antwort	Italienisch	Aussprache
Kürbis			
Tal			
abwischen			
Schuhabsatz			
abgenutzt/ abnutzen			
drei			
Dach			
Hutkrempe			
Zimmer			
Hengst			
drehen			
Apfelbaum			
Monat			
Fliege			
Berg			
Nacht- schwester			
Nacken			
Frieden			
stellen, legen, setzen			
Hallo (am Telefon)			

Der Aha-Effekt

Wenn Sie jetzt wieder einmal mehr verwundert sind, dass Sie so viele Vokabeln so einfach behalten haben, dann ist das absolut normal. Fragen Sie sich nun: »Warum hat mir das bis jetzt noch niemand beigebracht?« – Kein Italienischlehrer, kein Pädagoge, auch nicht Ihre Eltern haben Ihnen wahrscheinlich gezeigt, wie man Vokabeln schneller und nachhaltiger lernt. Sie sehen also: Ebenso wie *Schieb das Schaf* für Englisch und *Liebe am O(h)r* für Spanisch war dieses Buch für Italienisch überfällig.

Entnommen aus: Oliver Geisselhart / Helmut Lange: *Lutsche das Licht. Mit Wortbildern hundert und mehr Italienischvokabeln pro Stunde lernen*. München: mvg Verlag 2013 (S. 10 ff.).

21. Was ist ein Barograf?

So lernen Sie Fremdwörter und Fachbegriffe schnell und effizient

Auf Fremdwörter kann man das gleiche Prinzip anwenden wie bei Vokabeln. Man übersetzt das Fremdwort einfach in ein Ersatzwort (oder mehrere) und bildet dann eine Assoziation zwischen dem Ersatzwort und der Bedeutung des Fremdwortes.

Ich will Ihnen das gleich einmal an ein paar einfachen Beispielen demonstrieren.

»Pica« ist eine genormte Schriftgröße bei der Schreibmaschine.

Wie merkt man sich das?

Das ist gar nicht schwer. Ein Vogel fliegt in Ihr Arbeitszimmer und *pickt* (Pica) an den Tasten Ihrer Schreibmaschine herum. Daraufhin erscheinen auf dem eingescannten Blatt Papier *genormte* (gleich große) *Buchstaben*.

Ein »Frontispiz« ist die Verzierung eines Buchtitelblattes.

Auch dafür lässt sich leicht ein Ersatzwort finden, wenn man seine Fantasie ein wenig spielen lässt. Die Vorderseite (Front) Ihres Buches ist mit spitzen Nadeln verziert. Die *Front ist spitz*. Sie stechen sich jedes Mal daran, wenn Sie es in die Hand nehmen.

»frankophil« = frankreichfreundlich. Das ist besonders leicht. *Franco fiel* ins Wasser; und weil er die *Franzosen so liebte*, schwamm er nach Frankreich.

Eine »Pelerine« ist ein weiter Umhang (so ähnlich wie ein Cape). Stellen Sie sich eine Frau in einem weiten *Umhang* vor, die eine *Mandarine* mitsamt der *Pelle* isst!

»Belcanto« stammt aus dem Italienischen und heißt, wörtlich übersetzt, »schöner Gesang«. Gemeint ist ein italienischer, virtuoser Gesangsstil. Stellen Sie sich vor, Ihr Hund versucht eine Arie zu singen, aber es wird nur ein heiseres Gebell daraus. Er hat eben doch nicht das Zeug zum Tenor! Hämisch sagen Sie zu ihm: »*Bell'n kannst du* (Belcanto), aber *singen* kannst du nicht!«

»Pedikulose« ist die wissenschaftliche Bezeichnung für den Lausbefall beim Menschen. Stellen Sie sich vor, der *Petticoat* Ihrer Frau sitzt *lose*, sodass *Läuse* hineinkriechen können.

Eine »Mutante« ist ein Lebewesen, dessen Erbgut sich verändert hat. Stellen Sie sich vor, das Erbgut Ihrer Tante hat sich verändert. Sie hat sich in eine Kuh verwandelt und schreit »*muh*«! Sie ist eine »*Muh-Tante*«.

Eine »Zisterne« ist ein unterirdischer Behälter zum Auffangen von Regenwasser. Kein Problem! Wenn man an den *Sternen zieht* (zieh – Sterne), fallen sie in den *Wasserbehälter*.

Ein »Hallimasch« ist ein essbarer Pilz. Sie *marschieren* mit Ihren Kindern in eine *Halle* und essen dort ein *Pilz*gericht.

Zu guter Letzt habe ich mir für Sie ein besonders leichtes Beispiel ausgedacht, zu dem Ihnen sicherlich auf Anhieb ein Ersatzwort einfällt: »Barograf«. Das ist ein selbst aufzeichnender Luftdruckmesser.

Schreiben Sie Ihr Ersatzwort (es können auch mehrere sein) und Ihre Assoziation in diese Zeilen:

_____

_____

Testen Sie Ihr Gedächtnis!

Und nun testen Sie, ob Sie alle zehn Fremdwörter im Gedächtnis behalten haben. Schreiben Sie die Bedeutungen in die leeren Zeilen:

Alpenveilchen _____ ☐

Belcanto _____ ☐

Zisterne _____ ☐

Pica _____ ☐

Pelerine _____ ☐

Pedikulose _____ ☐

Barograf _____ ☐

Frontispiz _____ ☐

Mutante _____ ☐

Hallimasch _____ ☐

frankophil _____ ☐

Sie können nun leicht selbst weiterüben. Nehmen Sie ein Fremdwörterlexikon zur Hand, suchen Sie aufs Geratewohl ein paar Fremdwörter heraus, schreiben Sie die Wörter auf Karteikärtchen und die dazugehörigen Bedeutungen auf die Rückseite der Kärtchen. Dann versuchen Sie sich die Fremdwörter mithilfe der Ersatzwortmethode einzuprägen.

Besonders viel Spaß macht diese Übung zu zweit!

Es ist auch eine gute Übung, wenn Sie jedes Ihnen unbekannte Fremdwort, auf das Sie beim Lesen oder in einer Fernsehsendung stoßen, sofort nachschlagen und sich einzuprägen versuchen. Dadurch üben Sie sich nicht nur in der Ersatzwortmethode, sondern erweitern gleichzeitig auch noch Ihren Bildungshorizont.

Zum Schluss möchte ich Ihnen noch verraten, welche Assoziation mir zu dem Wort »Barograf« eingefallen ist. Ein *Graf* sitzt an einer *Bar*, *misst den Luftdruck* und *schreibt* sein Ergebnis *selbst auf.*

Entnommen aus: Roland R. Geisselhart / Marion Zerbst: *Das perfekte Gedächtnis. Hinter jeder Stirn ein Superhirn.* Zürich: Orell Füssli Verlag, 6. Aufl. 1997 (S. 221 ff.).

Erfahrungsbericht von Marco Sacher: Prüfungen mit der Geisselhart-Methode meistern

Einer meiner früheren Kursteilnehmer, Herr Marco Sacher aus Lübeck, nahm vor kurzem wieder Kontakt mit mir auf und erzählte ganz begeistert davon, wie er mit Hilfe der Geisselhart-Methode seine Prüfungen zum Diplomkaufmann mit Bravour meistern konnte. Hier ein Auszug aus seinem Brief:

»*Sehr geehrter Herr Geisselhart,*
ich möchte mich recht herzlich bedanken, nicht nur für die vermittelten Gedächtnistechniken, sondern vor allem für den Erfolg, den ich bisher hiermit erzielte. Soeben habe ich die erste Note meiner Prüfungsklausuren erfahren. Den Bereich Volkswirtschaftslehre konnte ich mit der zweitbesten Klausur aller Teilnehmer aus diesem Semester abschließen, was ich nicht zuletzt den phänomenalen Ergebnissen Ihres Gedächtnistrainings-Seminars zu verdanken habe. Mit Hilfe der visuellen Abspeicherung ist es mir gelungen, nicht nur komplexe Themengebiete und große Stoffmengen in relativ kurzer Zeit zu bewältigen, sondern auch Teilgebiete hieraus im Gedächtnis jederzeit abrufbar abzuspeichern.
Ich bin der Meinung, dass man mit Ihrer Methode wesentlich schneller und effektiver lernen kann, was nicht nur mehr freie Zeit, sondern insbesondere mehr Zufriedenheit durch Erfolg bedeutet.
Um die von mir gemachten Erfahrungen der direkten Anwendung Ihrer Techniken in nächsten Seminaren an Ihre Teilnehmer weitergeben zu können, möchte ich Ihnen im Folgenden kurz meine Vorgehensweise schildern ...«

Diese Schilderung seines Vorgehens war so faszinierend, dass ich ihn um eine ausführliche schriftliche Fassung bat, die ich Ihnen hier als Motivation anfügen und natürlich zur Nachahmung empfehlen möchte.

1. Die Informationsfülle bewältigen

»Ich hatte noch etwa sechs Monate Zeit bis zu den Klausuren zum Diplomkaufmann. An diesem Nachmittag wollte ich die gesamten Unterlagen zusammenstellen, die ich für die Prüfungen in den einzelnen Fächern benötigte. Nach mehreren Stunden hatte ich sie schließlich sortiert und nach den verschiedenen Fächern getrennt in DIN-A4-Ordner abgeheftet. Diese Ordner standen nun vor mir auf dem Schreibtisch. In diesem Moment wurde mir zum ersten Mal bewusst, welche immense *Stoffmenge* ich in den nächsten Monaten zu lernen hatte:

Es waren 10 Ordner mit jeweils etwa 500 Seiten Material.

Obwohl ich mich schon zu den Semesterklausuren jeweils ausgiebig mit den einzelnen Fächern beschäftigt hatte, war mir bis dahin nicht bewusst gewesen, welches *Gesamtvolumen* zur Endprüfung auf mich zukommen würde. Im ersten Moment hielt ich es für aussichtslos, in der noch verbleibenden Zeit diese *5000 Seiten* effektiv durchzuarbeiten. ›Effektiv‹ sollte heißen, den Stoff nicht nur intensiv durchzulesen, sondern auch große Teile davon auswendig zu lernen, und zwar so, dass ich auf einzelne Details noch nach Tagen zuverlässig zurückgreifen konnte.

Gerade bei größeren Stoffmengen ist es nicht möglich, sich diese erst ein paar Tage vor den Klausuren anzusehen. Das tiefe und genaue Einprägen von *Detailinformationen* vollzieht sich oftmals über vier bis fünf Tage hinweg, was bedeutet, dass man diese Informationen eben auch mindestens so lange in irgendeiner Form im Gedächtnis behalten muss.

Was tun? Als Erstes einmal ganz tief durchatmen. Denn eines war mir klar: Es war aussichtslos, mit dem Lernen für die einzelnen Fächer zu beginnen, ohne eine bestimmte *Methodik* zu verfolgen. Ich musste also innerhalb kurzer Zeit ein System finden, mit dessen Hilfe ich die einzelnen Themengebiete effektiv bearbeiten und anschließend auch sinnvoll und zuverlässig reproduzieren konnte.

2. Lösungsansätze finden

Bevor ich Ihnen im folgenden meine *Vorgehensweise* schildere, möchte ich Sie bitten, sich einmal ganz bewusst in meine Situation zu versetzen: Stellen Sie sich vor, Sie müssen in den kommenden vier Wochen die gesamten Unterlagen für ein Klausurfach durcharbeiten. Der Stoff umfasst etwa 700 Seiten, die Sie komplett beherrschen müssen, um anschließend die Klausur erfolgreich zu bestehen.

Notieren Sie in den folgenden Leerzeilen Ihre Ideen: Wie würden Sie die Unterlagen bearbeiten? Haben Sie bestimmte Vorstellungen von Ihrer täglichen Arbeitszeit oder einem bestimmten Lernpensum? Notieren Sie alles, was Ihnen spontan dazu einfällt. Vielleicht erscheinen Ihnen sogar *verschiedene Vorgehensweisen* sinnvoll? *Setzen Sie Ihre Fantasie ein,* und denken Sie sich Lösungen aus:

Lösungsansatz 1: _____

Lösungsansatz 2: _____

3. Schematische Darstellung

Nachdem Sie nun Ihre eigenen Ideen verfolgt und beschrieben haben, möchte ich Ihnen auch meine praktische Vorgehensweise erläutern. Da ich bei allen Fächern in derselben Art vorging, greife ich hier einen Themenbereich exemplarisch heraus, um Ihnen daran die Einzelheiten aufzuzeigen.

Als Erstes besorgte ich mir ein Blatt Papier von etwa einem Quadratmeter Fläche. Es kann auch etwas größer oder kleiner sein, aber Sie sollten auf jeden Fall darauf achten, dass das Blatt nur so groß ist, dass Sie es mit einem Blick noch vollständig erfassen können. Das wird an späterer Stelle für die Visualisierung eine große Rolle spielen.

Zunächst notierte ich an der Oberkante des Blattes das Thema des jeweiligen Fachgebietes. Darunter schrieb ich die Überschrift des ersten großen Themenbereichs, auf die nächste Ebene die jeweils dazugehörigen Unterpunkte. Nach dem ersten Bereich notierte ich Überschrift und Unterpunkte für das folgende Thema und so weiter, bis das gesamte Fachgebiet auf diesem Blatt schematisch festgehalten war. Bei diesem Vorgehen müssen Sie darauf achten, dass sämtliche in Ihren Unterlagen existierenden Überschriften der einzelnen Themenbereiche und Unterpunkte im gleichen Wortlaut in Ihrer Übersicht erscheinen.

Außerdem, und das erwies sich für mich im Nachhinein als sehr hilfreich, ergänzte ich zu den einzelnen Unterpunkten jeweils in ein paar Worten die wesentliche Kernaussage.

Eine solche Übersicht (ich habe die von mir damals aufgezeichneten Blätter alle aufgehoben und mit den Unterlagen abgeheftet!) sah z. B. folgendermaßen aus:

Wirtschaftsprozesspolitik

1. Historische Entwicklung

1. Phase	2. Phase	3. Phase	4. Phase
Punktueller Staatsinterventionismus	Autonome Staatskonjunktur	Global orientierte Wirtschaftspolitik	Strukturorientierte Wirtschaftspolitik
↓	↓	↓	↓
• Beginn der modernen WP • Absolute Herrschaft • Gold- und Wirtschaftsvolumen	• New Deal • Konjunkturschwankungen • Wiederaufbau	• langfristige Expansion • Probleme und Gründe dieser Phase	• Anfang der 60er-Jahre • Probleme

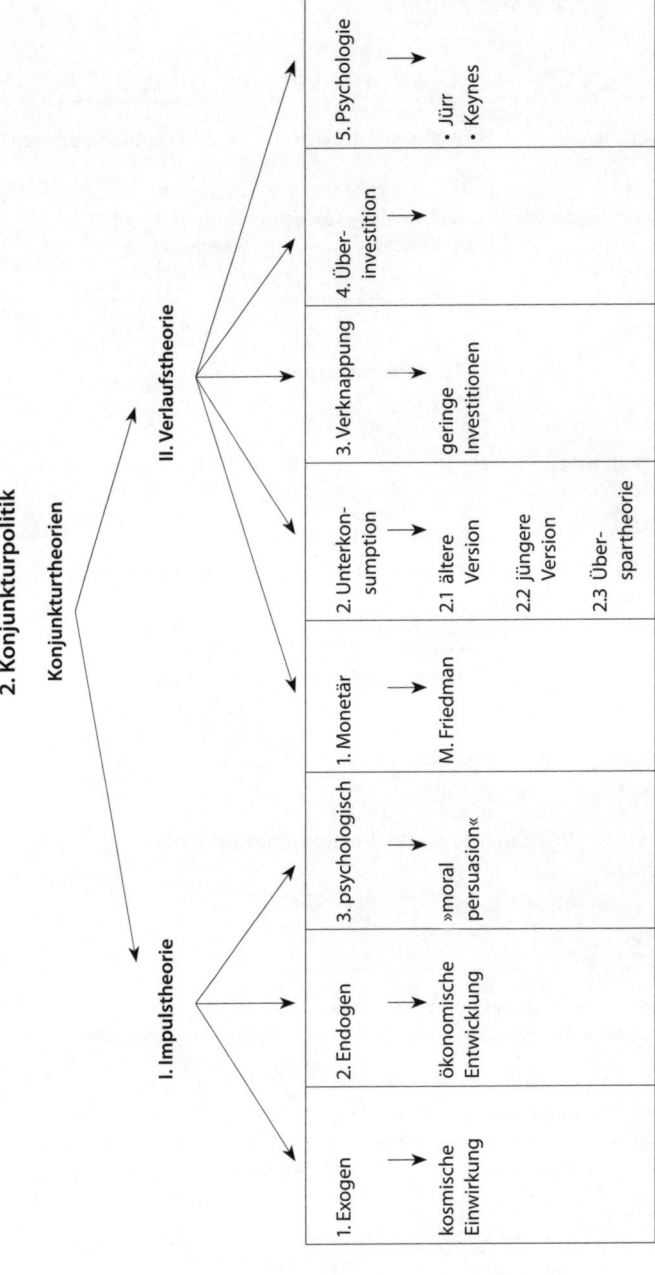

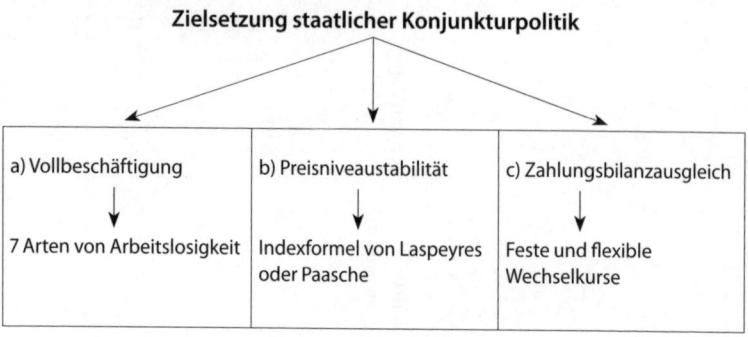

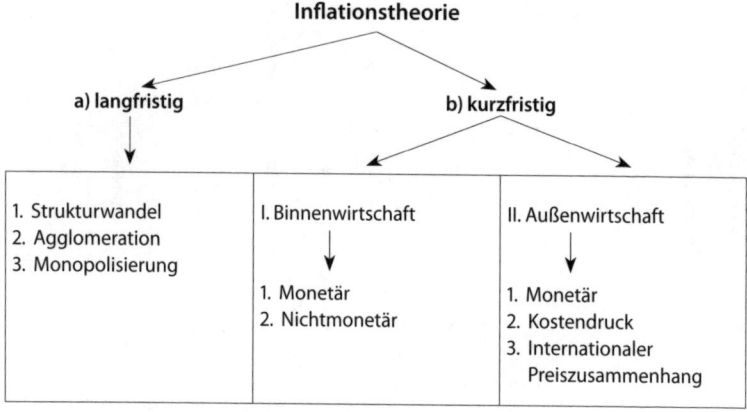

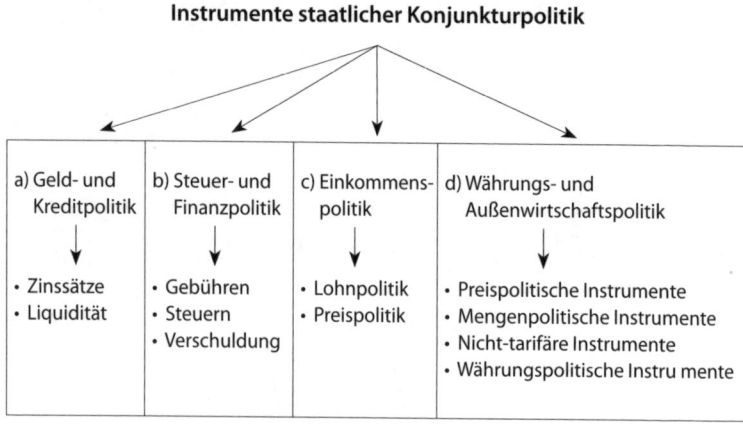

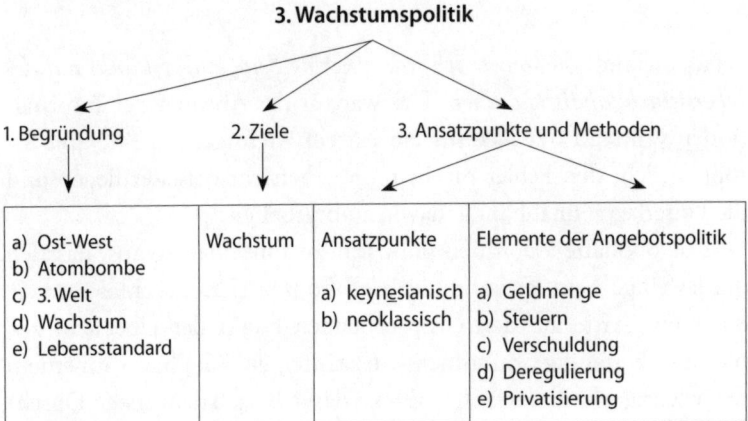

Auf diesem einen Blatt hatte ich also den gesamten Stoff zu diesem Thema, der aus mehreren hundert Seiten bestand, mit allen Bereichen und Untergliederungen schematisch dargestellt. (Für die vorliegende Beschreibung habe ich die Fülle des Stoffes allerdings in manchen Punkten vereinfacht und gekürzt.) Bevor ich nun daran ging, die Unterlagen im Detail zu bearbeiten, prägte ich mir diese Übersicht ganz genau ein.

Sie sollten sich unbedingt die Zeit nehmen, ein solches Schema exakt auswendig zu lernen, selbst wenn es wie bei mir einen ganzen Tag Zeit kosten sollte. Sie werden später feststellen, dass Sie *dadurch* beim späteren Durcharbeiten des Materials weit mehr Zeit wieder einsparen.

Zunächst also sah ich mir dieses Blatt ganz genau an, d. h. *ich ›fotografierte‹* es und speicherte es *als komplette ›Vision‹* (bildhaften Eindruck) im Gedächtnis ab. Dann erst begann ich mit dem eigentlichen Studium der Unterlagen.

Ich hängte die Übersicht direkt vor mir an die Wand über meinem Schreibtisch. Während ich nun die einzelnen Kapitel bearbeitete, hatte ich jederzeit Blickkontakt zu der Übersicht und wusste immer ganz genau, an welcher Stelle des komplexen Stoffgebietes ich mich gerade befand. *So konnte ich jede einzelne Seite einem Punkt auf der Übersicht bildhaft zuordnen.* Das war für das Abrufen der Informationen während der Klausur ein extrem wichtiger Aspekt, und Sie sollten nicht den Fehler machen, die Übersicht beiseitezulegen und die Unterlagen unabhängig davon zu bearbeiten.

Das bildhafte Zuordnen sah dann im Einzelnen so aus, dass ich die jeweilige Seite genau ansah und konzentriert durchlas und sie dann im Geiste auf den entsprechenden Punkt der Übersicht kopierte. Das ständige Zuordnen jeder einzelnen Seite hatte außerdem den wichtigen und nützlichen Effekt, dass ich nach dem ersten Durchgang durch die Unterlagen dieses Stoffgebietes die zugehörige Übersicht im Schlaf beherrschte.

Somit hatte ich bereits zu diesem Zeitpunkt den Stoff des ganzen Themas mit seinen wichtigsten Unterpunkten zuverlässig im Gedächtnis gespeichert. Natürlich wusste ich noch nicht sämtliche Detailinformationen; dazu waren noch einige Wiederholungen nötig. Aber *es war ein fantastisches Gefühl,* schon nach einmaligem Durcharbeiten das Thema mit seinen Kernaussagen und Schwerpunkten aus den einzelnen Bereichen als Schema abrufbar zu haben; und *die Zuversicht wuchs,* die noch fehlenden Details in der restlichen Zeit nach und nach hinzuzufügen.

Erfolge durch Visualisierung

Auf diese Art erarbeitete ich mir in der kommenden Zeit auch die anderen Stoffgebiete, und trotz einer gewissen (verständlichen) Anspannung ging ich dann *mit einem recht sicheren Gefühl in die Klausur:* Mir war bewusst, dass ich jederzeit auf jede benötigte Information zugreifen konnte, die ich zur Beantwortung der jeweiligen Prüfungsfrage für relevant hielt.

Die ersten beiden Klausurfragen konnte ich denn auch ohne große Mühe beantworten; bei der dritten kam der allseits gefürchtete Blackout: Ich wusste auf einen Schlag rein gar nichts mehr. Viele meiner Kommilitonen hätten in dieser Situation vielleicht den Hörsaal verlassen, doch das wollte ich nicht tun. Ich besann mich darauf, dass ich ja in meinem Gedächtnis alles abrufbar eingespeichert hatte. Es galt also in diesem Moment nur, möglichst schnell an die relevanten Informationen zu kommen.

Ich schloss die Augen und konzentrierte mich. Im Geiste sah ich meine Übersicht vor mir an der Wand hängen, und dann ging ich Stufe für Stufe bis zu dem Punkt, wo sich meiner Ansicht nach die gesuchten Informationen befinden mussten. Mit einer Verzögerung von höchstens etwa fünf Minuten konnte ich die Klausur fortsetzen, und es waren genau die richtigen Antworten, zu denen ich auf diese Art gelangt war.

In diesem Moment realisierte ich zu hundert Prozent, was die Methode der Visualisierung für mich wirklich wert war. Es war mir mit ihrer Hilfe nicht nur möglich, ein bestimmtes Thema von A bis Z komplett auswendig zur Verfügung zu haben, sondern ich konnte, was noch viel wichtiger war, einzelne Detailinformationen aus dem gesamten Kontext gezielt abrufen. Ich konnte sogar meinen Professor in weiten Passagen wörtlich zitieren (was sich später bei der Benotung äußerst positiv auswirkte …).

Nach ca. drei Monaten hingen die Ergebnisse dieser Klausur am schwarzen Brett, und als ich nach meinem Ergebnis sah, traute ich meinen Augen nicht: Ich hatte als Zweitbester des gesamten Diplomjahrgangs abgeschlossen. Auch die anderen waren ziemlich erstaunt, weil meine Semesterklausuren in diesem Fach zuvor eher mittelmäßig waren und niemand (auch ich selbst nicht!) mit einer derartigen Steigerung gerechnet hatte.

Abschließend sei noch erwähnt, dass die Methode der Visualisierung an sich noch keine Garantie dafür ist, dass man z. B. bei Klausuren nur noch Spitzenleistungen erzielt. Man hat zwar die Möglichkeit, den gesamten Stoff abrufbar und übersichtlich abzuspeichern, jedoch kommt es nicht zuletzt auch darauf an, dass man die Informationen jeweils an der richtigen Stelle einsetzt. Aber allein schon das Gefühl, im Ernstfall wirklich alles parat zu haben, gibt Ihnen die Sicherheit für den effektiven Einsatz der Visualisierungs-Methode.«

Unter dem Titel »Erfolgreiche Prüfungsvorbereitung« gekürzt veröffentlich in: Roland R. Geisselhart / Christiane Burkart unter Mitarbeit von Marion Zerbst: *Gedächtnis ohne Grenzen. Die beste Methode, die Gedächtnisleistung und Kreativität durch Visualisierung massiv zu steigern,* Zürich: Oesch Verlag, 2. Aufl. 2001 (S. 144–147). Hier wird der vollständige Brief abgedruckt, © Roland Geisselhart.

22. Die Oberstufe – der 100er-Schlüssel

Die Zahlensymbole bis 100

Die Oberstufe des modernen Gedächtnistrainings – das ist die volle Beherrschung des 100er-Schlüssels. Jetzt merken wir uns nämlich neben den bekannten Bildern zu den Zahlen außerdem noch Buchstaben. Warum? Weil die reine Verbilderung der einfachen Zahlen nicht ausreicht, um sich kompliziertere Dinge zu merken.

Die Ziffer 1 kann man sich als Kerze und die 2 als Schwan vorstellen, aber was machst du mit der Zahl 357020? (Das wäre die Quadratmeterfläche der Bundesrepublik.) Schwierig. Bis du dir da eine Bildergeschichte gebastelt hast, ist der Schultag um. Im Grunde ist dies eine reine Fleißaufgabe.

Deshalb habe ich eine Merkmethode entwickelt, die mit Mitlauten (Konsonanten) arbeitet. Das Prinzip bleibt gleich, aber die Zwischenstufe hilft uns, für komplexere Dinge einfache Bilder zu entwickeln. Wir merken uns also die Buchstaben zu den Zahlen, und damit wir uns die Buchstaben besser merken können, gibt es auch ein »Bild« dazu.

Hier der Buchstaben-Code als Merkliste: Links findest du die Zahlen, in der Mitte die Konsonantenkombination und rechts ein Bild. Achtung: Jetzt wird's tricky …

Der Buchstaben-Code – der zweite Zahlenbilderschlüssel

1 = t, d   = Tee   6 = j, ch, sch = Schuh
2 = n   = Noah   7 = k, g   = Kuh
3 = m   = Oma   8 = f, v   = Vieh(herde)
4 = r   = Reh   9 = p, b   = Bau
5 = l   = Löwe   0 = s, z   = Tasse

Ohne Zahl sind die Buchstaben a, e, i, o, u.

Aber man kann sich die Selbstlaute leicht merken mit dem Satz: »Annas Eimer ist oben undicht.«

Wenn du dir diesen Code von 1 bis 9 plus 0 gut einprägst, dann schaffst du in ein bis zwei Stunden den Sprung, dir Zahlenbilder von 21 bis 100 zu merken. Nach dieser kleinen Mühe wird dein weiteres Lernen zum Kinderspiel, denn du besitzt 100 »Speicherplätze«!

10 = Tasse = (wie bei der 0)
11 = td = Teddy
12 = tn = Tanne
13 = td, m = Dom
14 = tr = Tor
15 = tl = Tal
16 = tsch = Tasche, *Tisch, Tud*
17 = tg = Tag (oder Dogge)
18 = tf = Tiefe
19 = tp, b = Taube
20 = ns = Nase

Damit du mit dem neuen System besser zurechtkommst und um Zeit zu sparen, kannst du die bisherigen Symbole 1 bis 20 (also Kerze, Schwan bis Schlitten) beibehalten. Dann lernst du das neue Code-System einfach erst ab der Zahl 21 (Note), denn die unteren Ziffern benötigst erst sehr viel später!

Wie geht man jetzt mit dem neuen Zahlenschlüssel um?

Wenn du die Zahl 21 schreibst oder denkst, so solltest du (nach Erlernung des Buchstaben-Schlüssels von 1 bis 10) sofort Folgendes denken:

2 = n
1 = t

Folglich ist 21 = nt. Wenn du diese beiden Buchstaben pro Zahl erst einmal weißt, fallen dir die Vokale als Füllmaterial sofort ein. Also:

21 = nt = Note
22 = nn = Nonne
23 = nm = Name
24 = nr = Nero
25 = nl = Nil
26 = nsch = Nische
27 = nk = Nacke(n)
28 = nf = Neffe
29 = nb = Nabe
30 = ms = Maus, Mais, Meisl, Miese,

Sieh bitte jeden der Begriffe von »Note« bis »Maus« in einem Bild. Behalte dieses Bild immer bei. Jetzt fällt es dir sicher ganz leicht, dir 10 Dinge mit der ganzen dazugehörigen Nummerierung zu merken. Da das Grundsystem hier etwas komplexer ist, merken wir uns zunächst damit ganz einfache Dinge. Nehmen wir an, du gehst zum Gärtner und kaufst Folgendes:

21 (Note)   : 1 Bund gelbe Rüben
22 (Nonne)   : 1 Kiste Futterrüben
23 (Name)   : 1 roten Rettich
24 (Nero)   : weißen Rettich
25 (Nil)   : Radieschen
26 (Nische)   : Spargelstangen
27 (Nacken)   : Schwarzwurzel
28 (Neffe)   : 1 Sack Kartoffeln
29 (Nabe)   : 1 Sellerieknolle
30 (Maus)   : 1 Kopf Weißkohl

Bei dieser Übung kommt es darauf an, sich die zu merkenden Gemüsearten gut bildhaft vorzustellen. Einige sind einander sehr ähnlich und können dadurch nur durch exaktes bildhaftes Vorstellen unterschieden werden, wie z. B. roter und weißer Rettich oder Spargel und Schwarzwurzel. Jetzt teste dich selbst:

21 = nt = Note = 1 Bund gelbe Rüben
22 = _____ = _____ = _____
22 = _____ = _____ = _____
22 = _____ = _____ = _____
22 = _____ = _____ = _____
22 = _____ = _____ = _____
22 = _____ = _____ = _____
22 = _____ = _____ = _____
22 = _____ = _____ = _____
22 = _____ = _____ = _____

Um dir ein genaues Bild dieser komplexeren Übung zu geben, zeige ich dir ein paar Verknüpfungsvorschläge:

21: Wir hängen den Bund gelbe Rüben einfach über den Notenständer, sodass wir deutlich die Noten unter den gelben Rüben sehen.

22: Die Nonne hat im Klostergarten auf dem Feld gearbeitet und kommt von dort gerade mit einer großen Kiste Futterrüben herein. Die Kiste ist so voll, dass einige Rüben herausfallen und über den Boden rollen.

23: Stelle dir das Namensschild an deiner Wohnungstür vor. Nehmen wir an, das Namensschild ist nicht ganz an die Wand geschraubt, sodass zwischen Schild und Wand eine Lücke ist. Jetzt kommst du nach Hause und reibst mit dem roten Rettich einige Male über das Namensschild, und der Rettich ist fertig geschnitten.

24: Wir sehen den Kaiser Nero mit seiner Leier in der Hand. Jetzt nimmt er einen weißen Rettich und drückt ihn durch die Saiten der Leier. Jetzt ist der weiße Rettich fertig geschnitten, und er braucht ihn nur noch zu salzen.

25: Wir sehen den Nil vor uns mit Palmen und Pyramiden im Hintergrund und Krokodilen darin. Du wirfst eine Handvoll Radieschen ins Wasser. Die Krokodile schnappen danach. Doch die Radieschen bleiben ihnen zwischen den Zähnen stecken. Die restlichen Radieschen schwimmen auf der Wasseroberfläche.

26: Stell dir eine Nische vor und stelle die ganze Nische voll mit Spargel. Sieh deutlich den Spargel vor dir in der Nische stehen. Setz dich in die Nische und iss den Spargel.

27: Stell dir einen japanischen Sumo-Ringkämpfer vor, mit einem großen Stiernacken. Er hängt sich jetzt Schwarzwurzeln um den Nacken, und der Hals färbt sich dunkel.

28: Stelle dir deinen Neffen vor. Wenn du keinen Neffen hast, so »erschaffe« dir einen. Dieser kommt dich heute besuchen. Er hat einen ganzen Sack Kartoffeln dabei und schüttet dir diese mitten in eurem Wohnzimmer aus.

29: Stelle dir die Nabe an einem Fahrrad vor, also die Mitte des Rades, wo alle Speichen im Mittelpunkt zusammentreffen. Nimm eine Sellerieknolle und klemme sie zwischen die Speichen. Fahre nun los.

30: Du schneidest Weißkohl. Plötzlich siehst du so etwas wie einen schwarzen Faden. Du willst den »schwarzen Faden« entfernen und hältst eine zappelnde und quiekende Maus in den Fingern.

Ich habe die Verknüpfungen hier möglichst bildhaft und anschaulich gewählt.

Kommen wir zu den Zahlen 31 bis 40! Bei der Zahl 31 fallen dir sicher sofort die Buchstaben mt ein und dann das Wort Matte.

31 = mt = Matte *Mutti, Motte*
32 = mn = Mohn
33 = mm = Mumie
34 = mr = Meer
35 = ml = Maul
36 = msch = Masche
37 = mk = Mücke

38 = mf = Muff
39 = mp = Mappe
40 = rs = Rose

Versuche es noch einmal im Kopf mit geschlossenen Augen (später geht es auch mit offenen Augen) herzusagen. Siehst du Matte, Molen, Mumie etc. deutlich und bildhaft vor deinem inneren Auge? Gut, dann kommt die nächste Übung:

Übung:
Verknüpfe rasch, spontan, bildhaft und lebhaft anschaulich!! Schreib dir vielleicht zum Anfang deine Geschichten auf Papier!

Übung:
Mache kurz die Gegenprobe und trage die richtige Zahl ein:

Meer   = _____

Maul   = _____

Matte   = _____

Mohn   = _____

Mappe   = _____

Mumie   = _____

Rose   = _____

Muff   = _____

Masche = _____

Mücke   = _____

Gut so! Und jetzt nehmen wir einmal an, du fährst nach dem Gemüseeinkauf bei der Forstverwaltung vorbei und kaufst für deinen Garten folgende Bäume und Sträucher in *numerischer* Reihenfolge:

31 =	mt	= Matte	= eine Weißtanne
32 =	mn	= Mohn	= eine Rottanne
33 =	mm	= Mumie	= eine Eiche
34 =	mr	= Meer	= ein Ahornbaum
35 =	ml	= Maul	= eine Eberesche
36 =	msch	= Masche	= eine Buche
37 =	mk	= Mücke	= eine Linde
38 =	mf	= Muff	= ein Haselnussstrauch
39 =	mp	= Mappe	= ein Walnussbaum
40 =	rs	= Rose	= ein Kaktusbaum

Hauptsymbole für Koppelungen: 100er-Schlüssel

Zahl Bild
1 Kerze
2 Schwan
3 Dreizack
4 Kleeblatt
5 Hand
6 Elefant

Zahl Bild
7 Wimpel
8 Sanduhr
9 Schlange
10 Golfschläger und -ball
11 Spaghetti
12 Uhr

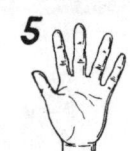

13	Katze	27	Nacken
14	Blitz	28	Neffe
15	Aufzug	29	Nabel
16	Haken 2	30	Maus
17	Dreieck	31	Matte
18	Baum mit zwei Starenhäusern	32	Mohn
19	Luftballon	33	Mumie
20	Schlitten und Schneeball	34	Meer
21	Note	35	Maul
22	Nonne	36	Masche
23	Name	37	Mücke
24	Narr	38	Muffe
25	Nil	39	Mappe
26	Nische (Erker)	40	Rose

41	Rad	61	Schutt
42	Rinne	62	(Geld-)Schein
43	Rahm	63	Schwamm
44	Rohr	64	Schere *chor*
45	Rolle	65	Schal
46	Rüsche	66	Scheich
47	Rock	67	Scheck
48	Riff	68	Schiff
49	Rabe	69	Schippe
50	Lasso *, Los, Loses,*	70	Käse
51	Latte	71	Kitt
52	Leine	72	Kanne
53	Lama	73	Kamm *, Gammа*
54	Lehrerin	74	Karre
55	Lilie	75	Kohle *, Kerl, Karl*
56	Lasche	76	Koch *Gosche*
57	Lack *, Lob, Luke*	77	Kuckuck *Koch*
58	Lava	78	Kaffee
59	Lippe	79	Kappe
60	Schatz	80	Fass

81	Fett		91	Boot
82	Finne		92	Bohne, Bühne, Bahn
83	Familie		93	Baum
84	Fuhre		94	Bar
85	Feile		95	Ball
86	Fisch		96	Busch, Pascha
87	Feige		97	Bock
88	Vivil		98	Apfel
89	Fibel		99	Puppe, Puff
90	Bus, Bass		100	As

Entnommen aus: Roland R. Geisselhart / Cordula Kießling: *Gute Noten mit legalen Spickzetteln. So lernen Kinder schneller und besser*. Zürich: Orell Füssli Verlag 2004 (S. 143 ff.).

23. Die hohe Schule – abstrakte Formeln

So merken Sie sich chemische Formeln und das Periodensystem der Elemente

Kürzlich sprach mich ein Freund wegen medizinischer Begriffe an. Also befasste ich mich etwas mit abstrakten Wörtern, Apotheken-Listen, Arzneien und dergleichen.

Generell habe ich – auch in den Kursen – festgestellt, dass du dir leichter etwas darunter vorstellen kannst, je besser du weißt, was das jeweilige Fremdwort bedeutet. Deshalb ist es gut, bei jedem Fremdwort, das man nicht kennt, sofort zu einem Lexikon zu stürzen und die Bedeutung nachzuschlagen. Für ein rasches Nachschlagen ist natürlich die hundertprozentige Kenntnis des Alphabetes Voraussetzung. Die ganze Gedächtnistechnik beruht auf der »Verbilderung«, entweder weil dir ein Bild zum jeweiligen Gegenstand einfällt oder weil dir »lautmalerisch« etwas anderes dazu einfällt. Zur Aminosäure könnte dir auch das Rhino(zeros) einfallen. Man nennt diese Technik auch Assoziationstechnik (lateinisch-französisch = Vereinigung). Also: Je klarer du ein Wort oder einen Begriff verstanden hast, desto leichter und besser lässt sich eine bildhafte Vorstellung in der Fantasie davon anfertigen.

Wenn du z. B. bei Worten, die aus dem Lateinischen kommen, auch noch das Wort in Teile zerlegen und die genaue Bedeutung der Wortwurzeln herleiten kannst, umso besser. Dies ermöglicht die klarste und unmissverständlichste Art bildhafter Verknüpfung. Gerade bei abstrakten Wörtern haben wir etwas mehr Arbeit, daraus eine Geschichte, die bildhaft merkbar ist, zu konkretisieren. Je besser du im Konkretisieren, Veranschaulichen, also »Verbildern« bist, desto leichter funktioniert Gedächtnistraining.

Darum solltest du auch abstrakte Worte möglichst in einen beliebigen Sinnzusammenhang oder in eine kurze Handlung, ein Beispiel, eine Praxisübertragung, eine Anwendung kleiden. Dies ist ein sehr wertvoller Tipp zum Lernen, doch er sollte geübt und praktiziert werden. Gedächtnisfähigkeit besteht mitunter auch aus Motivation und Übung. In Entspannung lernst du grundsätzlich leichter.

So macht Lernen Spaß!

Gehen wir gleich an die schwereren Sachen, z. B. an den Chemieunterricht. Wir fangen jetzt an, mit der Summe der erlernten Techniken zu arbeiten. Im Folgenden zeige ich, wie man auch »trockenen« und abstrakten Themen Leben einhauchen kann.

Dabei solltest du aber zuerst sicher sein, dass du die Grundbausteine (die Buchstaben, Abkürzungen) deiner Formeln klar verstanden hast.

Also:

H = Wasserstoff, also ein farbloses Gas, das bei der Entstehung unserer Erde hauptbeteiligt war.
(HYDROGENIUM)

C = Kohlenstoff, z. B. erhärtet im Diamanten, meist fest vorkommend u. a. auch im Graphit des Bleistifts.
(CARBONIUM)

N = Stickstoff, Gas zu 70 Prozent in der Luft, dient den Pflanzen als Nahrung.
(NITROGENIUM)

O = Sauerstoff, wird von unserer Lunge aufgenommen.

S = Schwefel, dunkelgelb, fest z. B. in Schwefelstäbchen, mit denen Weinfässer ausgeschwefelt (geräuchert) werden.

CH= Kohlen-Wasserstoff-Verbindung

Jetzt setzt du die Buchstaben ihrer Bedeutung entsprechend in ein Bild um:

= H: eine feine Gaswolke im All vor Entstehung der Erde.

= C: ein Diamant mit einem C eingeritzt, den wir eventuell auch am Karneval am großen Zeh tragen könnten.

= N: ein Baum, der von Nitrogenium (Stickstoff) lebt, und deshalb haben wir das N in den Stamm geritzt.

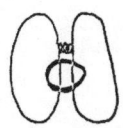
= O: Oxygenium (Sauerstoff) – O auf der Lunge abgebildet, erinnert uns an Sauerstoff.

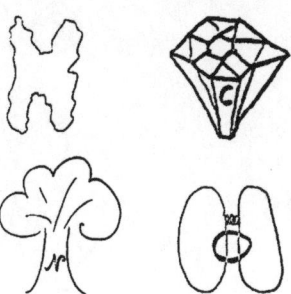

Dieses Grundbild sollten wir uns bildhaft an die Wand oder an eine Tafel gemalt vorstellen können:

- Oben geht es los mit einem Diamanten, in den ein C eingeritzt ist (wir werden so an Cohlenstoff erinnert), dann folgen 2 Lungen mit einem O darauf (wir werden an Oxygenium, also an lebenswichtigen Sauerstoff erinnert), und dann folgt eine H-förmige Gaswolke (H = Hydrogenium = Wasserstoff).
- In der Mitte darunter ist wieder ein Diamant. Daneben rechts eine H-Wolke. Daneben links eine H-Wolke plus ein Schwan, der von der Form her die Zahl 2 symbolisiert und anzeigt, dass die linke H-Wolke zweimal vertreten ist. Neben dem Schwan ist ein Baum, mit dem N für Nitrogenium (Stickstoff) darin.

 = S: für Schwefel – wir stellen und ein s-förmiges Schwefelstäbchen vor.

Jetzt lernen wir einige Aminosäuren

Der Grundbaustein der häufigsten Aminosäuren sieht so aus:

$$\text{COOH}$$
$$|$$
$$H^2N\text{---}C\text{---}HS$$

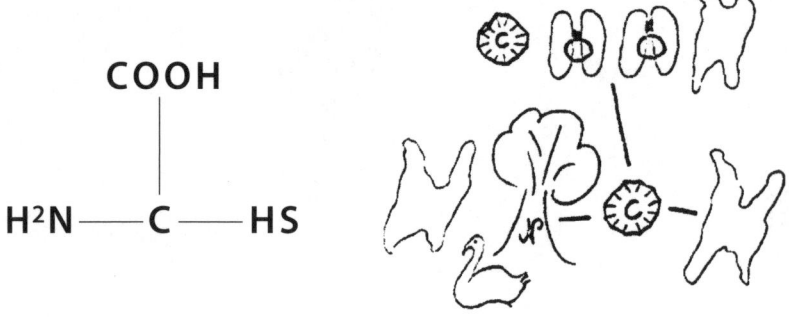

Da dieser Grundbaustein immer (einzige Ausnahme ist Prolin) vorkommt, malst du ihn auf, um ein genaues Bild davon zu bekommen.

Jetzt machst du einmal eine Pause und kontrollierst, ob du dir dieses Bild oft, spontan und sicher vorstellen kannst. Wenn wir die Grundform sicher haben, speichern wir die gesamten »Rattenschwänze«, die wir an die Grundform anhängen.

Zum Beispiel Alanin:

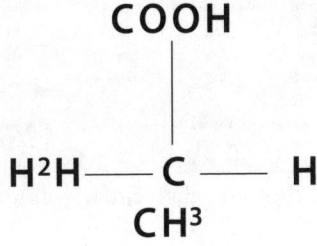

Als Eselsbrücke siehst du einen Mohammedaner (denn Alanin erinnert dich an Allah), der einen Schnarchlaut »CH« von sich gibt und sich dreimal dabei gen Osten verbeugt = CH ^{3}, oder der einen Diamanten in der Hand hält und mit seiner Tabakpfeife 3 schöne H-förmige Wolken bläst.

Valin und Leucin solltest du nicht verwechseln:

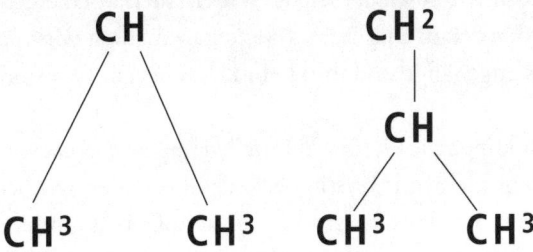

Gehen wir einmal ein paar Beispiele durch. Ich habe hier eine Reihe von Aminosäuren aufgezeichnet:

Wir müssen jetzt nicht alle behandeln, aber wir gehen einfach einmal ein paar Beispiele durch:
- Valin ist leicht zu merken: Wir denken uns 3 Araber, und nur 2 davon haben ein dreiblättriges Kleeblatt..
- Aber bei Leucin machen die Leute vor die drei Burschen noch ein CH^2 hin (mit dem Reim merken).
- Bei Isolencin ist das CH^2 wieder wegisoliert, dafür bekommt es noch eine Isolierschicht mit CH^3 verpasst.
- Bei Serin kommt nur eine Serie von vier Buchstaben hin: CH^2OH (ein Schnarchlaut, ein Schwan und ein OH-Seufzer).
- Bei Threorin haben wir es wieder leicht: Wir erhalten noch einen Diamanten, an den 3 (auf Englisch: *three,* daran merken wir uns auch das Th) Hs angehängt sind: links ein H, rechts ein OH und unten CH^3.
- Bei Cystein: Cyst klingt wie Gerüst. Wir stellen uns ein Gerüst vor.
- Damit wir Cystein nicht mit Cystin verwechseln, stellen wir bei Dystein ein Tablett auf das Gerüst hin. Auf dem Gerüst gibt ein Maurer einen Schnarchlaut von sich, ein Schwan läuft ihm über den Bauch, er macht S… in die Hosen, erwacht, erschrickt: H (stößt den H-Laut aus).

- Bei Cystin sind es 2 Gerüste, die dicht beieinander stehen. Zwischen den beiden Gerüsten liegen 2 Schwefelstäbchen, rechts und links flankiert von zwei Schläfern (Schnarchern) mit Schwan.
- Sysin: Die Liese schnarcht viermal auf dem Schwanenbett, erwacht, sagt N (nein), lauscht H (Hä? wie bitte) und schüttelt zweimal den Kopf.

Das periodische System der Elemente in 20 Minuten

Bei einem Wochenendkurs für Fortgeschrittene hatten wir gerade eine Speisekarte und ein Inhaltsverzeichnis eines Buches mit den Zahlensymbolen von 50 bis 100 numerisch eingespeichert, und jeder konnte es mühelos und lückenlos wiedergeben. Da zückte eine Schülerin das Periodische System der Elemente: »Das soll ich in der Schule können. Das muss ich auswendig lernen.« Ich sah mir das Ganze an, und sie meinte, dass sie nur die großen acht Elemente-Gruppen auswendig können müsse.

Periode	I	II	III	IV	V	VI	VII	VIII
1 K-Schale	H Wasserstoff							He Helium
2 L-Schale	Li Lithium	Be Beryllium	B Bor	C Kohlenstoff	N Stickstoff	O Sauerstoff	F Fluor	Ne Neon
3 M-Schale	Na Natrium	Mg Magnesium	Al Aluminium	Si Silicium	P Phosphor	S Schwefel	Cl Chlor	Ar Argon
4 N-Schale	K Kalium	Ca Calzium	Ga Gallium	Ce Germanium	As Arsen	Se Selen	Br Brom	Kr Krypton
5 O-Schale	Rb Rubidium	Sr Strontium	In Indium	Sn Zinn	Sb Antimon	Te Tellur	J Jod	Xe Xenon
6 P-Schale	Cs Caesium	Ba Barium	Tl Thallium	Pb Blei	Bi Wismut	Po Polonium	At Astat	Rn Radon
7 Q-Schale	Fr Francium	Ra Radium						

Jetzt bist du sicher gespannt, wie wir das gemacht haben. Doch vorher bitte ich dich, kurz einen Test zu machen.

Übung::
Präge dir bitte nur die Wortketten der Gruppe I und II ganz normal (ohne Verbildung) ein und stoppe die Zeit. Du wirst nämlich später feststellen, dass du diese Begriffe auch in einem Zehntel der normalen Zeit lernen kannst. Ehrenwort! Blättere also zurück und lies erst dann weiter, wenn du nur eine (also die Senkrecht-Wortkette I oder eine andere) normal gelernt hast.
Übe das bitte zehn Minuten lang.

Wie kann man im Gedächtnistraining vorgehen?

Wir sehen die Elementenschalen untereinander als die K- Schale, L-Schale und so weiter, also: K, L, M, N, O, P und Q. Diese Buchstabenfolge verwandelte ich kurzerhand in einen Satz, dessen Anfangsbuchstaben die Schalen in der Reihenfolge ergeben:
Kaufe langen Mantel nie ohne prima Qualität.

Nachdem wir die Schalen untereinander hingeschrieben haben, schreiben wir waagrecht die Zahlen I bis VIII.

Nun sieht man auf Anhieb, dass die erste (I) und letzte (VIII) Elementenkette oben beginnen (also K-Schale) und alle dazwischenliegenden in der zweiten waagerechten Reihe anfangen (also L-Schale). Damit haben wir auch schon das Gerüst, das wir brauchen. Der Rest besteht nur noch aus einigen leichten Koppelketten mit originellsten Kopplungen – kein nachmittagelanges Pauken und ewiges Wiederholen, sondern etwas Witz und Humor, und es sitzt. Also, los geht's:

- Für Gruppe I nehmen wir das Wort TEE aus dem Zahlen-Buchstaben-Schlüssel im Kapitel »Die Oberstufe – der 100er-Schlüssel«. Wir haben bewusst nicht die einfacheren Zahlenbildsymbole 1 bis 8 genommen, da du diese ja sicher öfters wieder benutzt. Wir stellen uns eine Tasse Tee vor, in der Wasserstoff ist. Da kannst du dir die Haare blond färben. Dann kommt Lithium, ein ganz dünnes Metall, aus dem wir ein dünnes Metallband für das Augen*lid* und um den Kopf herum machen. Um das Lithiumband legen wir noch eine (Ringel-)Natter herum.

Dies erinnert uns an Natrium. Die Natter frisst ein paar Haare, und wir sind um den Kopf jetzt etwas kahl herum = Kalium. Die kahlen Stellen schmücken wir mit Rubinen = Rubidium. Die Rubine fassen wir in Käse ein = Caesium. An den Käse hängen wir Fransen. Dies erinnert uns natürlich an Franzium.

Wiederhole ein- oder zweimal die Bildverbindungen und schreibe sie auf.

- Jetzt kommt Gruppe II. Da wird es noch lustiger. Zahlenbild für II = Noah. Nun, der Noah, geht Beeren pflücken. Doch bevor er sie isst, zieht er um jede Beere mit dem Fingernagel eine Rille. Dies erinnert uns an Beryllium. Die Beeren schlagen ihm auf den Magen = Magnesium. Jetzt braucht er eine = Kalzium-Spritze. Die zieht er schnell wieder heraus und schleudert sie auf die Stromleitung; Dies erinnert uns an = Stronzium. Jetzt legt er sich auf die Bahre = Barium. Dann ist er wieder fit und fährt mit dem Fahrrad herum = Radium.

- Gruppe III: Zahlenbild: Mai = Maibaum. Mit dem Maibaum bohre ich ins Aluminium = Bor = Aluminium. Das durchbohrte Aluminium bringe ich dem Asterix nach Gallien = Gallium, dieser läuft mit mir in Indien herum = Indium. Wir binden ein Tuch um die Taille = Thallium.

- Gruppe IV: Zahlenbild ist das Reh. Dieses sperren wir in unseren Kohlenkeller = Kohlenstoff; von dort flüchtet es nach Sizilien, das erinnert uns spontan an = Silizium, es kommt wieder zurück nach Deutschland = Germanium, dort trifft es Zinnsoldaten, die mit Bleikugeln schießen = Zinn = Blei.

- Gruppe V: Zahlenbild ist der Löwe. Er hustet und erstickt fast = Stickstoff
Dann brennt der Löwe hinterm Ohr = Phosphor. Er springt erhitzt in einen Kessel mit = Arsen, danach könnte man ihn fast

auf den Mond schießen. Das will er aber nicht = Antimon. Jetzt weiß er um seinen Mut = Wismut.
- Gruppe VI: Zahlenbild ist der Schuh. Jemand zieht seinen Schuh aus. Ich schnappe nach = Sauerstoff, bekomme aber von ihm einige = Schwefelstäbchen, die stecke ich in eine Seele (langes Weißbrot) = Selen, lege auf den Teller meine Uhr = Tellur.
- Gruppe VII ist am lustigsten: Zahlenbild ist die Kuh. Die Kuh bekommt mit = Fluor die Zähne geputzt, = Chlor zu trinken und Brombeeren zu essen = Brom, wird mit = Jod eingerieben. Jetzt kommt der Bauer und sagt : »Welches Aas tat das?« = Astat.
- Gruppe VIII; die Edelgase sind die letzte große Gruppe. Sie fängt wie die erste wieder in der obersten Reihe an. Kennwort ist das Vieh. Über der Viehherde schwebt der Zeppelin und erinnert uns an = Helium, dann schwebt er um die = Neonleuchte , stößt sich dort arg an = Argon, fällt in eine Krippe = Krypton, geht zum Xerox-Kopierer rüber = Xenon und fährt mit dem Rad davon = Radon.

Überprüfe dich kurz, indem du die Bild-Verbindungen mit dem Text noch mal kurz ansiehst und nachkoppelst. Überall, wo du gekoppelt und auch das Bild deutlich gesehen hast, wird es jetzt funktionieren.
Teste dich!
Schreibe auf ein leeres Blatt alle acht Gruppen in der richtigen Anordnung zu den Schalen. Frage einmal Freunde, wie lange sie am periodischen System der Elemente lernen.
Eine echte Erleichterung: Grundsätzlich kannst du so beinahe alle Tabellen merken (sofern nützlich wie hier). Du koppelst nur an das Zahlenbild eine Gruppe, d. h. eine Kette von Bildern. Ein wenig Übung gehört natürlich auch dazu.

Viel Spaß bei weiteren selbst erfundenen Übungen.

Entnommen aus: Roland R. Geisselhart / Cordula Kießling: *Gute Noten mit legalen Spickzetteln. So lernen Kinder schneller und besser.* Zürich: Orell Füssli Verlag 2004 (S. 158 ff.).

24. Geistig fit ins hohe Alter

So beugen Sie effektiv geistigem Verfall vor

Laut Professor Manfred Spitzer sterben während der gesamten Lebenszeit nur ca. zehn Prozent unserer Gehirnzellen ab. Doch es wachsen ja auch immer wieder welche nach. Die meisten Hirnzellen nutzen wir im täglichen Leben überhaupt nicht. Sie sollten darauf achten, geistig rege und aktiv zu bleiben. Denn: Ein nicht genutztes Hirn baut wesentlich schneller ab als ein genutztes. Ein gehirngerecht genutztes, trainiertes und gefordertes Hirn nimmt sogar im Alter noch zu bzw. wird noch leistungsfähiger. Unser Gehirn ist trainierbar. Aber was für unsere Muskeln gilt, gilt in erhöhtem Maße für unser Denkorgan: »Use it or loose ist.« Die Geisselhart-Technik ist ein effektives Training für Ihr Gehirn und wirkt damit dem geistigen Abbau effektiv entgegen.

Gedächtnistraining hält die grauen Zellen fit

Ungefähr acht bis 13 Prozent aller über 65-Jährigen leiden, so die Deutsche Gesellschaft für Psychiatrie, Psychotherapie und Nervenheilkunde, unter Demenz. Ganze 40 Prozent sind es sogar schon bei den über 90 Jahre alten Menschen. Mit »Demenz« bezeichnet man den Zerfall der geistigen Leistungsfähigkeit, speziell die Abnahme von Gedächtnisleistung und Denkvermögen. Erkrankte Personen sind oft damit einhergehend aggressiv, enthemmt, depressiv oder in ihrer Stimmung schwankend. Schlimm: Wer Alzheimer bekommen soll (genetisch bedingt), der bekommt es auch. Die Frage ist nur, wann.

Komplett verhindern lassen sich Demenz und Alzheimer zurzeit noch nicht, auch wenn die Medikamente immer besser werden.

Vielversprechender sind vorbeugendes Training, geistiges Gefordertsein, Bewegung und die richtige Ernährung. Vor allem durch gezieltes Training lassen sich Alzheimer & Co. lange Zeit hinauszögern bzw. bei schon vorhandenen Symptomen ist deutliche Besserung wissenschaftlich nachgewiesen. Heutzutage ist Alzheimer so weit verbreitet, weil wir so alt werden. Früher starben die Menschen, bevor sie Alzheimer hätten kriegen können. Doch bei genügend und richtigem Training können es Betroffene schaffen, den Krankheitseintritt auf Lebenszeit hinauszuzögern. Laut Roland Brandt, Professor für Neurobiologie an der Universität Osnabrück, sind aktivere Nervenzellen widerstandsfähiger; das neuronale Netz wird durch Training dichter und somit gegen Schäden resistenter. Brandts Tipp daher: trainieren, trainieren, trainieren! Das beste Training ist die tägliche hirngerechte Benutzung von Gehirn und Gedächtnis.

Durch Training oder die richtige Benutzung des Gehirns ist es möglich, das Gehirn auch im Alter fit zu halten und darüber hinaus noch fitter zu machen. Selbst Alzheimer und andere Formen von Demenz lassen sich dadurch aufhalten und sogar lindern.

Entnommen aus: Oliver Geisselhart: *30 Minuten Power-Gedächtnis*. Offenbach: Gabal Verlag, 4., überarb. Aufl. 2011.

25. Lernfutter

So unterstützen Sie das Lernen durch richtige Ernährung

Wenn es um geistige Leistung geht, sollten Sie auch auf Ihre Ernährung achten. Ob körperliche oder geistige Leistungsfähigkeit: Beides hängt sehr eng mit der Ernährung zusammen. Allerdings ist für den Geist weniger die Menge, als vielmehr die Auswahl dessen, was er zugeführt bekommt, von Bedeutung. Je höher die körperliche Leistung, desto höher der Energieverbrauch – ist klar. Das Gehirn tickt aber anders. Egal ob Sie lernen, ob Sie sich geistig anstrengen oder einfach nur in der Sonne liegen: Ihr Gehirn verbraucht dieselbe Menge an Energie. Durchschnittlich etwa 20 Prozent unseres Gesamtkalorienbedarfs benötigt unser Denkorgan jeden Tag. Und es kann nur mit Kohlenhydraten etwas anfangen. Unser Gehirn braucht Glucose, und das ständig, denn es gibt im Gehirn keine Möglichkeit, Nährstoffe zu speichern. Die Glucosevorräte im Blut sind sehr schnell erschöpft und die der Leber halten auch nicht lange vor. In extremen Notzeiten kann unser Gehirn deshalb – anders als der Rest des Körpers – maximal einen Tag ohne Nachschub auskommen.. Achten Sie daher unbedingt auf regelmäßige, kleine, gesunde und kohlenhydratreiche Snacks. Meiden Sie Zuckerprodukte, da diese den Insulinspiegel unnötig in die Höhe treiben. Versorgen Sie sich mit länger anhaltenden Kohlenhydraten aus Vollkornprodukten, Obst, Reis, Kartoffeln, Milchprodukten und naturreinen Säften und verzichten Sie auf extreme Low-Carb- oder Atkins-Diäten. Zusätzlich sollten Sie reichlich Gemüse essen sowie Nüsse und Fisch. Wer keinen Fisch mag, kann diesen auch durch Fischölkapseln ersetzen. Bananen sind nicht nur für die Konzentration, sondern auch für gute Laune zuständig. Eier fördern durch die Inhaltsstoffe Threonin, Lezithin, Arginin und Cholin die Konzentration und bereits nach zwei Stunden die Leistung des Kurzzeitgedächtnisses.

Auch eine ausreichende Flüssigkeitszufuhr ist für unseren Körper und für unser Gehirn immens wichtig. Zehn Prozent aller Alzheimerdiagnosen sind, Untersuchungen zufolge, auf mangelnde Flüssigkeit zurückzuführen. Trinken Sie über den Tag verteilt zwei bis drei Liter. Auch ein Gläschen Rotwein können Sie sich laut einer Studie von Prof. Ernst Pöppel gern gönnen. Das kann sich vorteilhaft auf Ihr Gehirn auswirken, und auch Kardiologen sprechen sich ja dafür aus. Allerdings liegt das Gift in der Dosis und zu viel Alkohol ist bekanntermaßen extrem schädlich fürs Gehirn.

Wenn Sie sich also gesund und abwechslungsreich ernähren, dann klappt's auch mit dem Gedächtnis.

Entnommen aus: Oliver Geisselhart: *Notizbuch im Kopf. So merken Sie sich alles.* München: GU Verlag 2009 (S. 98 f.).

26. Die Methode in den Alltag integrieren

Wie Sie sich die Methode durch Lernkalender, Übungen für jeden Tag und Hausaufgaben perfekt aneignen

Während eines ganz normalen Tagesablaufs gibt es immer wieder zahlreiche Übungsmöglichkeiten für Ihr Gedächtnistraining. Meiner Meinung nach sollten Sie diese vor allem in der Anfangszeit nutzen. Denken Sie beispielsweise mal zurück an die Zeit, in der Sie gerade den Führerschein gemacht haben. Was war das damals für ein Gefühl, wenn Sie Auto gefahren sind? Fühlten Sie sich wohl oder eher unsicher? Kam es Ihnen vor, als hätten Sie schon immer hinter dem Steuer gesessen, oder fehlte Ihnen doch noch ein bisschen Fahrpraxis? Und wie war es bei neuen, unbekannten Strecken oder vollen Straßen und schlechten Wetterbedingungen? Bestimmt fühlten Sie sich so manches Mal unsicher. So geht es jedem, der etwas Neues und Ungewohntes macht. Und so geht es Ihnen auch mit der Geisselhart-Technik. Sie werden also im Alltag in ihrer praktischen Anwendung bestimmt das eine oder andere Mal an Ihre Grenzen stoßen. Dann sollten Sie den Glauben an sich bzw. an die Technik nicht verlieren. Betrachten Sie es vielmehr als Herausforderung, noch besser zu werden.

To-do-Listen funktionieren wahrscheinlich von Anfang an recht gut und Sie speichern Ihre Erledigungen regelmäßig auf diese Weise ab, statt sie mühsam auf Zettel zu notieren und diese dann zu suchen. Jetzt aber kommen Sie auf eine Feier, und Ihnen werden innerhalb kürzester Zeit sechs Ihnen unbekannte Gäste vorgestellt. Das Ganze geht so schnell, dass Sie die einzelnen Namen kaum richtig verstehen. Die anderen kennen nun natürlich Sie, denn sie mussten sich ja nur einen Namen merken. Aber Ihnen wollen die Namen partout nicht mehr einfallen. Das ist ganz normal. Hier fehlt Ihnen einfach noch etwas Praxis. Es ist ja auch ein Unterschied, ob Sie mit dem Auto auf dem Verkehrsübungsplatz oder zur Rushhour in einer Großstadt unterwegs sind. Bisher war das Buch für Sie der Verkehrsübungsplatz – aber in der Praxis sechs Namen in Windeseile abzuspeichern ist im Vergleich dazu die Großstadt mitten in der Hauptverkehrszeit. Und genau wie damals in Ihren Anfangszeiten als Autofahrer, als Sie sich über jede Fahrt gefreut und sie genutzt haben, um Ihre Fahrpraxis zu vertiefen, als Sie froh darüber waren, für Ihre Eltern Erledigungen mit dem Auto zu machen, oder mit Begeisterung die kleineren Geschwister von der Schule abgeholt haben, genauso sollten Sie am Anfang alle Möglichkeiten nutzen, um Ihre Praxis zu vertiefen. Mit viel Übung werden Sie auch im harten Alltag bestehen. Mit genug Praxis sind Sie schnell. Und Sie müssen schnell sein, sonst hören Sie schnell wieder auf. Aber glauben Sie mir: Anwendung macht den Meister. Machen Sie deshalb die nachfolgenden Übungen in Ihrem Alltag, so oft es Ihnen nur irgendwie möglich ist.

Übungen für zwischendurch: Wartezeiten nutzen!

> Nutzen Sie Wartezeiten! Ob beim Arzt, an der Kasse im Supermarkt, beim Friseur, auf dem Amt oder in einem Café, im Zug oder im Flugzeug: Ein großer Teil unseres Lebens besteht aus Warten. Dies sind tolle Trainingszeiten. Das Schöne daran ist, dass dabei keine Zeit verloren geht. Sie warten ja sowieso. Warum sollten Sie also diese Zeiten nicht nutzen. Deshalb erhalten Sie hier einige Vorschläge, wie Sie die bereits erlernte Technik weiter vertiefen und professionalisieren können.

Üben mit Karteikarten

Eine meiner liebsten Beschäftigungen während unvermeidlicher Wartezeiten ist es, mit Karteikarten zu lernen. Ob Sie nur Ihren Fremdwortschatz erweitern oder eine komplett neue Sprache erlernen möchten: Mit Karteikarten funktioniert dies einfach, sicher und ganz nebenbei.

Am einfachsten ist es sicherlich, vorgefertigte Karteilernsysteme für die verschiedensten Themenbereicht zu kaufen. Aber auch speziell auf die eigenen Bedürfnisse zugeschnittene Inhalte lassen sich einfach herstellen. Sie brauchen dazu lediglich Karteikarten in der von Ihnen bevorzugten Größe, die Sie im Schreibwarenhandel kaufen können. Sie könnten die Karten auch aus Pappe selbst ausschneiden, aber das lohnt sich meiner Ansicht nach nicht. Und als Schwabe weiß ich, wovon ich rede. Da ist es schon sinnvoller, einmal zu einem Drucker zu fahren. Der schneidet einem gern für wenig Geld aus einem 250- bis 300-Gramm-Karton so viele Karten aus, wie man benötigt. Egal, ob selbst oder vom Drucker zugeschnitten: Beschriften müssen Sie die selbst hergestellten Karten auf jeden Fall eigenhändig.

Sie schreiben also nun auf die eine Seite die zu lernende Vokabel, das Fremdwort, die Frage oder was auch immer Sie sich merken wollen. Auf die andere Seite kommt, na klar, die Übersetzung der Vokabel, die Bedeutung des Fremdworts, die Antwort auf die Frage usw. Und nun kann es losgehen: Ich nehme gerne immer etwa 30 Kärtchen mit. Die passen gut in die Tasche. Wenn es mehr werden, wird die Sache schon unhandlich. Am Anfang genügt es aber vollkommen, wenn Sie nur zehn einstecken. Jetzt können Sie bei jeder Wartezeit Ihre Karten aus der Tasche nehmen und sich damit beschäftigen.

Nehmen wir einmal an, Sie schaffen es nicht täglich (Sie müssen eben nicht so oft warten), aber immerhin an drei Tagen in der ganzen Woche, sich mit Ihren Karteikarten zu beschäftigen. Selbst dann lernen Sie ganz nebenbei etwa 30 Vokabeln pro Woche dazu. Das sind in zweieinhalb Monaten schon 300 neue Vokabeln! Damit könnten Sie sich in einem fremden Land schon relativ gut verständigen oder eine bereits vorhandene Fremdsprache toll wieder aufpolieren. Also: Nutzen Sie in Zukunft die einfachen und doch so genialen Karteikärtchen.

Meine wichtigsten Ziele

Meiner Meinung nach ist es für den Menschen unerlässlich, Ziele zu haben. Ohne Ziele ist das Leben sinnlos. Diese müssen gar nicht so »abgehoben« sein. Oft ist es besser, ein paar einfache Ziele tatsächlich zu erreichen, als viel zu hoch gesteckten Zielen jahrelang hinterherzulaufen, um sie dann doch fallen zu lassen. Natürlich dürfen Sie auch wirklich hohe Ziele haben. Für hohe Ziele müssen wir aber meistens auch einen hohen Preis bezahlen. Dies sollten Sie vorher bedenken. Wir erkennen aber oft nicht, wie hoch der Preis tatsächlich ist, und muten uns daher anfänglich oft zu viel zu. Vor allem auf kurze Sicht. Wichtig ist aber, wie lange man unter solchen Umständen tatsächlich durchhält. Die meisten Menschen überschätzen, was sie in relativ kurzer Zeit (etwa innerhalb eines Jahres) erreichen können, unterschätzen aber gleichzeitig, was sie in einer größeren Zeitspanne (also innerhalb von zehn bis 15 Jahren) schaffen könnten – wenn sie sich Zeit lassen würden. Und so gehen wir oft sehr unüberlegt an unsere Ziele heran und stellen relativ schnell fest, dass der Erfolg sich nicht so schnell und leicht einstellt, wie wir uns das vorgestellt haben. Dann werden unsere Bemühungen, das Ziel zu erreichen, unregelmäßiger, der Erfolg lässt noch mehr auf sich warten, und schließlich geben wir ganz auf. Die meisten Fitness-Studios würden ohne diesen nur allzu menschlichen Zug nicht funktionieren, denn wenn alle zahlenden Mitglieder wirklich regelmäßig trainieren würden, wären die allermeisten Studios total überfüllt. Aber viele geben eben einfach sehr schnell auf. Und das hängt u. a. damit zusammen, dass das Unterbewusstsein nicht richtig programmiert ist. Wenn diese Menschen ihre Ziele richtig im Unterbewusstsein verankern würden, könnten sie diese auch erreichen. Wenn Sie Ihre Ziele mit der Geisselhart-Technik abspeichern, sind sie fest im Unterbewusstsein verankert. Und damit steigt die Chance deutlich, die Ziele zu erreichen. Unser Unterbewusstsein lenkt uns dann automatisch in die richtige Richtung.

Aus Sicht unseres Unterbewusstseins ist diejenige Richtung die richtige, die zu den dort gespeicherten Bildern passt. Sie sollten also sehr genau darauf achten, welche Bilder Sie in Ihrem Unterbewusstsein zulassen. Ihre Ziele sollten dort in jedem Fall in Form von Bildern gespeichert sein.

Benutzen Sie die nächsten Wartezeiten einmal dazu, sich über Ihre zukünftigen Ziele klar zu werden. Was wollen Sie in einem Jahr tun, sein, erreicht haben? Wo wollen Sie stehen? Und was ist in zehn Jahren? Sie glauben, das wäre zu weit entfernt? Wer eine eigene Firma gründet, sollte sich z. B. absolut sicher sein, wo er in zehn Jahren stehen will. Auch wenn es sich nur um Planungen handelt, sollten Sie den Weg kennen, bevor Sie losmarschieren. Und mit der Familienplanung sieht es genauso aus. Wer nicht rechtzeitig daran denkt, stellt irgendwann fest, dass es zu spät ist. Studenten beispielsweise (zumindest die ernsthaften) würden nicht studieren, wenn sie nicht in eine zehn Jahre entfernte Zukunft blicken würden. Allein das Studium dauert ja schon fünf Jahre mit Praktikum oder Auslandsjahr. Und ein Student sollte wissen, was er mit seinem Diplom anfangen will. Zehn Jahre sind also schnell vorbei.

Schreiben Sie Ihre zehn wichtigsten Ziele im Leben auf und speichern Sie sie sicher mit Kerze, Schwan und Dreizack usw. ab.

Meine wichtigsten Aufgaben

Die logische Konsequenz aus Ihren Zielen ist es, eine Liste aller Aufgaben zu erstellen, die es zu erledigen gilt, wenn Sie Ihre Ziele tatsächlich erreichen wollen. Für jedes Ziel sollten Sie sich die wichtigsten Aufgaben überlegen – und diese dann dauerhaft und abrufbar mit den Zahlensymbolen abspeichern.

Am laufenden Band

Sollten Sie irgendwann einmal genug von Ihren Zielen haben (das ist schon o.K.), spielen Sie eine Runde »Am laufenden Band« (vgl. auch vorne das Kapitel »Die TV-Sendung ›Am laufenden Band‹ als Bilderkette«). Erinnern Sie sich noch an Rudi Carrells bekannte Sendung? Wenn nicht, sind Sie wahrscheinlich zu jung. »Am laufenden Band« war eine Quiz-Show, an deren Ende auf einem Fließband verschiedene Dinge vorbeigerauscht kamen – alles Mögliche, von Elektro- und Haushaltsgeräten über Kleidungsstücke bis hin zu Reisen. Alle Dinge, die der Gewinner der Show sich gemerkt hatte, nachdem das Band durchgelaufen war, durfte er mit nach Hause nehmen. Die Geschwindigkeit war relativ hoch, und es waren meines Wissens immerhin 20 Gegenstände auf dem Band. Für Ungeübte bzw. Teilnehmer ohne Technik war es nicht zu schaffen, alle zu behalten.

Sie können dieses Spiel ganz einfach und nahezu überall spielen. Voraussetzung ist, dass sich einige Dinge um Sie herum befinden. Sie schauen sich also um und speichern einfach alles ab, was Sie sehen. Verknüpfen Sie die einzelnen Gegenstände entweder miteinander oder mit den Zahlensymbolen. Wechseln Sie einfach immer mal wieder ab. Wenn Sie alles verknüpft haben, schließen Sie die Augen oder schauen in eine andere Richtung. Gehen Sie nun im Geiste alle Dinge durch, welche Sie verknüpft haben. Danach schauen Sie wieder genau hin und kontrollieren Ihren Erfolg.

Kreativitätsspiel Alltag

Dieses Spiel funktioniert ähnlich wie »Am laufenden Band«. Schauen Sie, wenn Sie irgendwo warten, zuerst nach links. Der erste Gegenstand oder die erste Szene, die Ihnen ins Auge fällt, ist der eine Part des Verknüpfungsspiels. Dann schauen Sie nach rechts, und das, was Sie dort sehen, ist der zweite Part. Die beiden Teile werden nun wieder auf möglichst kreative Art und Weise verknüpft. Machen Sie das, so oft Sie mögen. Wenn Sie dann nach dem Verknüpfen nur noch auf eine Seite schauen, sollte Ihnen zu den meisten Dingen das entsprechende Bild auf der anderen Seite wieder einfallen. So sehen Sie beispielsweise im Wartezimmer einer Arztpraxis auf der linken Seite eine Uhr an der Wand. Auf der rechten Seite fällt Ihnen als Erstes eine Palme auf. Jetzt haben Sie Ihr Verknüpfungspaar: Uhr mit Palme bitte auf möglichst skurrile Art und Weise verknüpfen. Stellen Sie sich z. B. vor, dass die Zeiger der Uhr Palmwedel sind. Oder an den Palmwedeln hängen lauter Uhren. Nachdem Sie einige Dinge im Raum miteinander verknüpft haben, schauen Sie sich um. Sobald Sie etwas entdecken, das Sie verknüpft hatten, sollte Ihnen das daran geknüpfte einfallen. Bei der Uhr eben die Palme. Dieses Spiel ist sehr effektiv und praktisch immer und überall einsetzbar, nutzen Sie es.

Nutzen Sie Reisezeiten

Wer viel von A nach B unterwegs ist, weiß, wie viel Zeit dabei ungenutzt verstreicht. Im Zug, im Bus, im Flieger können Sie aber auch herrlich üben, lernen und sich weiterbilden.

Lektüre mitnehmen
Nehmen Sie stets ein Fachbuch mit – zu irgendeinem Thema, über das Sie etwas lernen möchten oder müssen. Das kann natürlich auch ein Fachbuch über Ihr Hobby sein. Sollten Sie also beispielsweise leidenschaftlich gern kochen, so ist es eben ein Kochbuch. Lesen Sie sich die wichtigsten Rezepte durch und speichern Sie die Zutaten mit den entsprechenden Mengen und den einzelnen Zubereitungsschritten sicher im Kopf.

Am einfachsten lernen Sie, wenn Sie einen Textmarker mitnehmen. Damit markieren Sie alles, was sich zu speichern lohnt. Anschließend verknüpfen Sie die einzelnen Punkte wie gewohnt.

Allgemeinwissen

Es gibt sehr schöne und interessante Bücher über Allgemeinwissen. Ich bin immer wieder beeindruckt von Menschen, die ein breites Allgemeinwissen besitzen. Und nichts ist leichter, als sich ein solches anzueignen. Die Kreativitätsspiele die ich hier schon öfter erwähnte zeigen Ihnen die Vorgehensweise. Sie verknüpfen auch hier wieder zwei Dinge miteinander. Nur sind es diesmal Frage und Antwort. Also die Frage als Bild bzw. Filmchen dargestellt wird mit der entsprechenden Antwort als Bild oder Filmchen dargestellt verknüpft. Das können Sie nun jederzeit unterwegs oder beim Warten praktizieren und dabei spielerisch Ihr Allgemeinwissen aufpeppen.

Hörbücher

Im Auto ist das mit dem Lesen so eine Sache – es bekommt nicht jedem. Deshalb bin ich zu einem echten »Hörbuch-Junkie« geworden. Viele gute Fachbücher gibt es auch als Hörbuch. Sie müssen allerdings aufpassen, dass Sie sich trotzdem auf den Verkehr konzentrieren! Wenn Sie allerdings so zuhören und sich Gedanken machen können, als würden Sie sich mit einem Beifahrer unterhalten, spricht meiner Meinung nach nichts dagegen, den einen oder anderen Punkt in Gedanken mit einer Kerze oder einem Schwan zu assoziieren. Und schon haben Sie den doppelten Gewinn: Sie haben trainiert und sich zugleich diese Information gemerkt.

Sprachen lernen im Audio-Verfahren

Eine tolle Sache – genau wie die Hörbücher. Hören Sie die entsprechenden CDs einfach an und verbessern Sie so Ihr Gefühl für die Sprache. Wirkliche Übungen sollten Sie allerdings nicht während der Fahrt im Auto machen, es sei denn, Sie stehen im Stau. Ansonsten nutzen Sie diese Methoden bei Flug- oder Bahnreisen.

Nutzen Sie Ihre Arbeitszeit

Auch am Arbeitsplatz haben Sie tagtäglich die Möglichkeit, Ihre Gedächtnisleistungen in der Praxis zu perfektionieren. Ich gebe Ihnen drei kurze Beispiele:

To-do-Listen
Speichern Sie in Zukunft Ihre tägliche To-do-Liste mit den Zahlensymbolen ab. Dadurch haben Sie die einzelnen Aufgaben auch schon einmal visualisiert. Das programmiert Ihr Unterbewusstsein, und die Aufgaben gehen Ihnen leichter von der Hand.

Neue Namen
Schreiben Sie anfangs jeden neuen Namen erst einmal auf. Wenn es Ihre Zeit dann zulässt, verbildern Sie ihn. So schaffen Sie schnell bis zu 100 Namen und werden zügig Fortschritte machen. Sobald Sie merken, dass Sie im Geiste schon Bilder entwickeln, bevor Sie den Namen aufgeschrieben haben, können Sie diesen Schritt weglassen und den neuen Namen sofort verbildern.

Abläufe jeglicher Art
Egal, ob es um die Vorgehensweise geht, wie Sie Serienbriefe am PC generieren, oder um einen bestimmten Handlungsablauf beim Start einer komplizierten Maschine: Zukünftig verknüpfen Sie die einzelnen Handlungen mit Kerze, Schwan und Dreizack. So haben Sie jederzeit die entsprechenden Abläufe perfekt abrufbar. Das wird Ihnen viel Sucherei und Fragerei ersparen.

Nutzen Sie Ihre Freizeit

Weil das Üben inzwischen zu einem Ihrer Hobbys geworden ist, gebe ich Ihnen nun auch ein paar Anregungen, wie Sie die Geisselhart-Technik auch in Ihrer Freizeit gewinnbringend einsetzen können:

Zeitungsüberschriften
Verknüpfen Sie morgens beim Zeitungslesen die zehn schönsten Schlagzeilen mit den Zahlensymbolen. Dann haben Sie Gesprächsstoff für den ganzen Tag.

Meine privaten Erledigungen
Natürlich können Sie auch Ihre täglichen privaten Erledigungen mit den Zahlensymbolen abspeichern. Das trainiert und spart Papier.

Nutzen Sie Familienzeiten
Spielen Sie mit der ganzen Familie Kreativitätsspiele. Spannend ist dabei, wenn jeder reihum ein Spiel vorschlägt – also beispielsweise Büroutensilien mit Ferienzielen verknüpfen oder Nahrungsmittel mit Fernsehsendungen.

Gemeinsames Lernen
Lernen Sie gemeinsam mit Ihren Kindern mit der Geisselhart-Technik. Wie Sie Ihren Kindern die Technik beibringen, haben Sie ja bereits in Kapitel 3 erfahren. Eine perfekte Übung – für Sie selbst und für Ihren Nachwuchs

Was wollte ich hier jetzt gleich noch mal?

Jeder kennt das: Sie sitzen entspannt auf dem Sofa im Wohnzimmer und haben Lust auf ein Gläschen Wein, Saft, Wasser ... Sie gehen also in die Küche. Dort angekommen, stehen Sie plötzlich da und denken: »Eine schöne Küche, aber was wollte ich hier gleich noch mal?« Nachdem es Ihnen nicht einfallen will, gehen Sie zurück ins Wohnzimmer auf Ihr Sofa, und zack: Da ist es! Sie wollten Wein. Was ist passiert? Warum fällt es Ihnen auf dem Sofa sofort wieder ein? Weil Ihr Gehirn den Wein mit dem Sofa verknüpft hat.

Merken Sie gerade was? Ja, ja, Ihr Gedächtnis verknüpft ständig und überall. Also genau das, was wir ja auch in diesem Buch die ganze Zeit über machen. Und warum machen wir das? Weil es der Arbeitsweise des Gehirns entspricht und wir uns damit viel mehr in viel weniger Zeit viel sicherer merken können.

Sie kennen diese Praxisanwendung ja schon vom Kapitel »Gedächtnistraining – ein Kinderspiel«.

Nun ist es bei der Anwendung in der alltäglichen Praxis unabdingbar, ein paar wichtige Parameter zu beachten. Die Fragen hierzu lauten: Woran will ich denken, was darf ich also nicht vergessen? Und: Was passiert um mich herum in genau dem Moment, in dem ich daran denken will? Sind diese beiden Fragen beantwortet, habe ich zwei Bilder, und die kann ich – genau – verknüpfen.

Stellen Sie sich bei Ihrer praktischen Anwendung also immer diese zwei Fragen. Damit dies nun bei Ihrer täglichen Anwendung auch perfekt funktioniert, üben Sie hier bitte noch einmal.

Beim ersten Beispiel gebe ich Ihnen noch Hilfestellung, bei den restlichen machen Sie es allein. Ganz am Schluss der Übung finden Sie wie immer ein paar ausgesuchte Beispielverknüpfungen von mir.

Sie wollen daran denken, ein geliehenes Buch für Ihre Freundin mitzunehmen, wenn Sie aus dem Haus gehen.
Woran wollen Sie denken? An das Buch für Ihre Freundin.
Was passiert um Sie herum? Sie gehen aus dem Haus. Sie nehmen also Ihren Schlüssel mit, Sie drücken die Türklinke, Sie ziehen sich Ihre Jacke an …
Ihre beiden Bilder sind also: *Buch* und *Schlüssel* oder Türklinke oder Jacke. Und diese beiden verknüpfen wir jetzt: Stellen Sie sich das *Buch* als *Schlüsselanhänger* vor. Ganz deutlich sollten Sie diese Szene vor Ihrem geistigen Auge sehen und fühlen. Nehmen Sie den Schlüssel mit *Buchschlüsselanhänger* mal in Gedanken in die Hand. Ziemlich schwer und unhandlich, nicht wahr? Lassen Sie Ihre Gefühle mit in die Szene einfließen: Wie kommt man auf eine so unpraktische Idee – ein Buch als

Schlüsselanhänger? Meine Güte. Genauso könnten Sie das Buch natürlich auch mit der Türklinke oder der Jacke verknüpfen.
Wenden Sie Ihre neue Technik nun gleich wieder selbst an.

Situation: den Schlüssel mitnehmen, wenn Sie das Büro verlassen

Woran wollen Sie denken? _____

Was passiert um Sie herum? _____

Ihre beiden Bilder sind also: _____

Die Verknüpfung: _____

Situation: das Portemonnaie einstecken, wenn Sie aus dem Auto steigen

Woran wollen Sie denken? _____

Was passiert um Sie herum? _____

Ihre beiden Bilder sind also: _____

Die Verknüpfung: _____

Situation: dem Chef zum Geburtstag gratulieren, sobald Sie ihn das erste Mal an diesem Tag sehen

Woran wollen Sie denken? _____

Was passiert um Sie herum? _____

Ihre beiden Bilder sind also: _____

Die Verknüpfung: _____

Situation: die Nachbarn fragen, wie es im Urlaub war, sobald Sie sie das erste Mal sehen

Woran wollen Sie denken? _____

Was passiert um Sie herum? _____

Ihre beiden Bilder sind also: _____
Die Verknüpfung: _____

Situation: Ihrer Tochter/Ihrem Sohn unaufgefordert die 100,- Euro zurückgeben, die Sie sich geliehen haben, wenn sie/er nach Hause kommt

Woran wollen Sie denken? _____
Was passiert um Sie herum? _____
Ihre beiden Bilder sind also: _____
Die Verknüpfung: _____

Situation: beim nächsten Tanken den Reifenluftdruck prüfen

Woran wollen Sie denken? _____
Was passiert um Sie herum? _____
Ihre beiden Bilder sind also: _____
Die Verknüpfung: _____

So, dann schauen wir doch mal, wie Sie sich geschlagen haben. Wenn Sie gut verknüpft haben, müssten Ihnen zu den folgenden Stichworten, Fragen bzw. Szenen die Dinge einfallen, an die Sie denken wollten. Los geht's!
Woran wollten Sie denken, wenn Sie aus dem Haus gehen? Stellen Sie sich hierzu vor, was Sie tun, bevor Sie hinausgehen. Was nehmen Sie mit, was fassen Sie an, was tun Sie? Zu irgendeinem dieser Bilder sollte auf einmal das auftauchen, woran Sie sich erinnern wollten.
Sie steigen aus dem Auto. Woran wollten Sie denken?
Sie verlassen das Büro. Was wollten Sie mitnehmen?
Sie sehen Ihren Chef. Was war da noch gleich?
Sie tanken Ihr Auto. Und was machen Sie danach?
Sie treffen vor dem Haus Ihre Nachbarn. Was wollten Sie fragen?
Endlich kommt Ihre Tochter/Ihr Sohn nach Hause. Und was machen Sie?

Sind Sie mit Ihrem Ergebnis zufrieden? Ich hoffe doch sehr. Das waren sieben verschiedene Situationen. Haben Sie an Ihre sieben Sachen gedacht? Wenn Sie noch fünf davon wussten, ist das ein prima Ergebnis. Alle sieben wäre brillant. Auch, wenn es »nur« fünf waren, ist dies sicher schon deutlich mehr als früher. Also Gratulation, seien Sie stolz auf sich!

Und hier einige der Verknüpfungsvorschläge, die ich mir ausgedacht habe:

Situation: Schlüssel mitnehmen, wenn Sie das Büro verlassen
Woran wollen Sie denken? An den Schlüssel.
Was passiert um Sie herum? Sie verlassen das Büro, greifen also an die Türklinke.
Ihre beiden Bilder sind also: Schlüssel und Türklinke.
Die Verknüpfung: Stellen Sie sich die Türklinke Ihrer Bürotür als *Schlüssel* vor. Der Schlüsselbart, also die Zacken, sind dabei nach oben gerichtet. Wenn Sie nun in Gedanken die Türklinke greifen, pieksen Ihnen die scharfen Schlüsselkanten in die Handinnenfläche. Dieses Gefühl stellen Sie sich so deutlich wie möglich vor. Gehen Sie diese Sequenz zwei- bis dreimal im Geiste durch, dann sitzt sie garantiert und Sie denken jedes Mal beim Verlassen des Büros an Ihren Schlüssel.

Situation: Ihrem Chef zum Geburtstag gratulieren, sobald Sie ihn das erste Mal sehen
Woran wollen Sie denken? Daran, Ihrem Chef zum Geburtstag zu gratulieren.
Was passiert um Sie herum? Ihr Chef kommt auf Sie zu bzw. Sie auf Ihren Chef.
Ihre beiden Bilder sind also: Geburtstag und Chef. Für Geburtstag stellen Sie sich einfach eine große Geburtstagstorte vor.
Die Verknüpfung: Wenn Sie Ihren Chef mögen, dann hat er eine schöne *Geburtstagstorte* auf dem Kopf. Wenn Sie ihn weniger leiden können, bekommt er eine große Geburtstagstorte ins Gesicht geklatscht.

Situation: Beim nächsten Tanken den Reifenluftdruck prüfen
Woran wollen Sie denken? Daran, den Reifenluftdruck zu prüfen.
Was passiert um Sie herum? Sie tanken, nehmen also die Zapfpistole in die Hand.
Ihre beiden Bilder sind also: Reifendruckprüfgerät und Zapfpistole.
Die Verknüpfung: Sie stellen sich vor, wie Sie mit der Zapfpistole den Reifenluftdruck messen.

Die Vorgehensweise verfestigen

Lernkalender, Übungen für jeden Tag, Hausaufgaben
Wenn Sie diesen Trainingskalender einen Monat lang befolgen, sollten Sie fit für den Alltag sein. Also: nicht schlappmachen, sondern ran an die Übungen. Machen Sie am Anfang nicht zu viel – lieber regelmäßig als übermäßig.

Erste Woche
Montag:
- Besorgen Sie sich ein Buch über Allgemeinwissen und mindestens 100 Karteikarten.
- Sollten Sie eine Sprache lernen oder auffrischen wollen, kaufen Sie sich die entsprechende Lernkartei oder ein Übungsbuch mit Audio-CD.
- Notieren Sie am Abend Ihre Erledigungen für den nächsten Tag und verknüpfen Sie diese mit den Zahlensymbolen.

Dienstag:
- Beschriften Sie wenigstens zehn Karten mit Frage und Antwort bzw. mit den Vokabeln und der Übersetzung. Bei fertigen Lernkarteien suchen Sie sich zehn Karten heraus. Gelernt werden diese morgen.
- Notieren Sie am Abend Ihre Erledigungen für den nächsten Tag und verknüpfen Sie diese mit den Zahlensymbolen.

Mittwoch:
- Speichern Sie die zehn Karteninhalte unter Zuhilfenahme der Geisselhart-Technik sicher ab.
- Notieren Sie am Abend Ihre Erledigungen für den nächsten Tag und verknüpfen Sie diese mit den Zahlensymbolen.

Donnerstag:
- Suchen Sie sich die zehn schönsten Nachrichten aus der Zeitung aus und verknüpfen Sie sie mit den Zahlensymbolen.
- Fertigen Sie zehn neue Karteikarten an.
- Notieren Sie am Abend Ihre Erledigungen für den nächsten Tag und verknüpfen Sie diese mit den Zahlensymbolen.

Freitag:
- Spielen Sie mit Ihrer Familie, mit Freunden oder mit sich selbst ein einfaches (z. B. Tiere – Spielzeuge) Kreativitätsspiel.
- Lernen Sie Ihre zehn neuen Karteikarteninhalte.
- Notieren Sie am Abend Ihre Erledigungen für den nächsten Tag und verknüpfen Sie diese mit den Zahlensymbolen.

Samstag:
- Wiederholen Sie die 20 bisher gelernten Karten.
- Das Abspeichern Ihrer Einkäufe erledigen Sie unter Zuhilfenahme von Kerze, Schwan und Dreizack.
- Notieren Sie am Abend Ihre Erledigungen für den nächsten Tag und verknüpfen Sie diese mit den Zahlensymbolen.

Sonntag:
- Notieren Sie am Abend Ihre Erledigungen für den nächsten Tag und verknüpfen Sie diese mit den Zahlensymbolen.
-

Zweite Woche

Montag:
- Machen Sie sich Gedanken über Ihre Ziele und notieren Sie die Ziele, bei denen Sie sich sicher sind und die Ihnen klar sind.
- Nehmen Sie zehn neue Kärtchen zur Hand und beschriften Sie diese weiter mit Ihrem Lernstoff (Allgemeinwissen, Vokabeln, usw.). Verknüpfen Sie diese wie bisher. Also lernen Sie sie heute noch.

- Notieren Sie am Abend Ihre Erledigungen für den nächsten Tag und verknüpfen Sie diese mit den Zahlensymbolen.

Dienstag:
- Speichern Sie die zehn lustigsten Zeitungsschlagzeilen mit Kerze, Schwan und Dreizack ab.
- Arbeiten Sie weiter an Ihren Zielen.
- Spielen Sie ein mittelschweres Kreativitätsspiel.
- Notieren Sie am Abend Ihre Erledigungen für den nächsten Tag und verknüpfen Sie diese mit den Zahlensymbolen.

Mittwoch:
- Notieren Sie zehn willkürliche Namen aus dem Telefonbuch auf zehn Karteikarten. Auf der anderen Seite nummerieren Sie die Karten von eins bis zehn. Verbildern Sie nun die Namen und verknüpfen Sie danach das Namensbild mit der Nummer auf der Rückseite.
- Machen Sie Ihre Ziele fertig. Zehn für Sie wichtige, große Ziele sollten es sein.
- Notieren Sie am Abend Ihre Erledigungen für den nächsten Tag und verknüpfen Sie diese mit den Zahlensymbolen.

Donnerstag:
- Speichern Sie mit den Symbolen zehn Fernsehnachrichten, ohne diese mitzuschreiben, also nur während des Sehens.
- Fertigen Sie zehn neue Karten mit Lernstoff an und speichern Sie sie ab.
- Notieren Sie am Abend Ihre Erledigungen für den nächsten Tag und verknüpfen Sie diese mit den Zahlensymbolen.

Freitag:
- Sortieren Sie Ihre zehn Ziele der Reihenfolge nach so, dass das Ihnen wichtigste Ziel bei eins steht und das unwichtigste (zwar immer noch wichtig, aber nicht so wichtig wie die davor) bei zehn. Speichern Sie diese zehn Ziele jetzt sicher mit den Zahlensymbolen ab.
- Speichern Sie Ihre Einkaufsliste mit Kerze, Schwan und Dreizack ab.

- Notieren Sie am Abend Ihre Erledigungen für den nächsten Tag und verknüpfen Sie diese mit den Zahlensymbolen.

Samstag:
- Überlegen Sie sich die einzelnen Aufgaben, die zu erledigen sind, um Ihre Ziele zu erreichen. Beginnen Sie mit dem wichtigsten Ziel. Notieren Sie hierfür wirklich alle Aufgaben, die Ihnen bis heute bekannt sind. Machen Sie dies für alle zehn Ziele. Nehmen Sie sich hierfür ca. eine halbe Stunde bis eine Stunde Zeit. Sollten Sie nur einige oder gar nur die Aufgaben für das erste Ziel schaffen, dann ist das halt so.
- Spielen Sie ein Kreativitätsspiel im Kreise der Familie oder mit Freunden.
- Notieren Sie am Abend Ihre Erledigungen für den nächsten Tag und verknüpfen Sie diese mit den Zahlensymbolen.

Sonntag:
- Arbeiten Sie weiter an den Aufgaben für Ihre Ziele.
- Wiederholen Sie Ihre 20 Karteikarten von dieser Woche.
- Notieren Sie am Abend Ihre Erledigungen für den nächsten Tag und verknüpfen Sie diese mit den Zahlensymbolen.

Dritte Woche

Montag:
- Speichern Sie mit den Symbolen zehn Radionachrichten, ohne diese mitzuschreiben, also nur während das Hörens.
- Arbeiten Sie weiter Aufgaben heraus, um Ihre Ziele zu erreichen.
- Notieren Sie am Abend Ihre Erledigungen für den nächsten Tag und verknüpfen Sie diese mit den Zahlensymbolen.

Dienstag:
- Nehmen Sie zehn willkürliche Fremdwörter und/oder Fachbegriffe aus einem Wörterbuch her, deren Bedeutung Sie nicht kennen. Schreiben Sie die Wörter auf die eine Seite Ihrer Karteikarten und die Bedeutung auf die andere. Lernen Sie sie.
- Arbeiten Sie an den Aufgaben für Ihre Ziele weiter.

- Notieren Sie am Abend Ihre Erledigungen für den nächsten Tag und verknüpfen Sie diese mit den Zahlensymbolen.

Mittwoch:
- Beschriften Sie zehn weitere Karteikarten mit Ihrem Lernstoff und speichern deren Inhalte diese ab.
- Merken Sie sich Ihre Einkaufsliste mit den Zahlensymbolen.
- Notieren Sie am Abend Ihre Erledigungen für den nächsten Tag und verknüpfen Sie diese mit den Zahlensymbolen.

Donnerstag:
- Zehn zusätzliche Karteikarten mit Ihrem Lernstoff sind dran.
- Arbeiten Sie weiter an den Aufgaben für Ihre Ziele.
- Wiederholen Sie die zehn Kärtchen mit den Namen.
- Notieren Sie am Abend Ihre Erledigungen für den nächsten Tag und verknüpfen Sie diese mit den Zahlensymbolen.

Freitag:
- Bringen Sie die Aufgaben der einzelnen Ziele in die Reihenfolge, in der sie zu erledigen sind.
- Spielen Sie mit anderen »Am laufenden Band«. Einer schreibt 20 Sachen auf, liest das Niedergeschriebene vor, und die anderen versuchen sich so viele Gegenstände wie möglich zu merken.
- Notieren Sie am Abend Ihre Erledigungen für den nächsten Tag und verknüpfen Sie diese mit den Zahlensymbolen.

Samstag:
- Wiederholen Sie die 20 Karten mit Lernstoff, die Sie diese Woche gelernt haben.
- Notieren Sie am Abend Ihre Erledigungen für den nächsten Tag und verknüpfen Sie diese mit den Zahlensymbolen.

Sonntag:
- Spielen Sie ein schwieriges Kreativitätsspiel (z. B.: abstrakte Begriffe und Tätigkeiten oder Namen und Hobbys).
- Notieren Sie am Abend Ihre Erledigungen für den nächsten Tag und verknüpfen Sie diese mit den Zahlensymbolen.

Vierte Woche
Montag:
- Speichern Sie alle Aufgaben, die zu Ihrem ersten Ziel gehören, sicher im Geiste ab.
- Verzichten Sie beim Einkaufen auf den Zettel und merken Sie sich die Dinge mit der Geisselhart-Technik.
- Notieren Sie am Abend Ihre Erledigungen für den nächsten Tag und verknüpfen Sie diese mit den Zahlensymbolen.

Dienstag:
- Speichern Sie alle Aufgaben, die zu Ihrem zweiten Ziel gehören, sicher im Geiste ab.
- Und wieder sind zehn Karten mit Ihrem Lernstoff dran.
- Notieren Sie am Abend Ihre Erledigungen für den nächsten Tag und verknüpfen Sie diese mit den Zahlensymbolen.

Mittwoch:
- Notieren Sie wieder zehn willkürliche Namen aus dem Telefonbuch auf zehn Karteikarten, nummerieren Sie die Karten von eins bis zehn und verknüpfen Sie das Namensbild mit der Nummer auf der Rückseite.
- Speichern Sie alle Aufgaben, die zu Ihrem dritten und vierten Ziel gehören, sicher im Geiste ab.
- Notieren Sie am Abend Ihre Erledigungen für den nächsten Tag und verknüpfen Sie diese mit den Zahlensymbolen.

Donnerstag:
- Speichern Sie alle Aufgaben, die zu Ihrem fünften, sechsten und siebten Ziel gehören, sicher im Geiste ab.
- Wiederholen Sie die Karteikarten mit den Fremdwörtern von letzter Woche.
- Notieren Sie am Abend Ihre Erledigungen für den nächsten Tag und verknüpfen Sie diese mit den Zahlensymbolen.

Freitag:
- Speichern Sie mit den Symbolen zehn Radionachrichten, ohne diese mitzuschreiben, also nur während das Hörens.

- Speichern Sie alle Aufgaben, die zu Ihrem achten, neunten und zehnten Ziel gehören, sicher im Geiste ab.
- Notieren Sie am Abend Ihre Erledigungen für den nächsten Tag und verknüpfen Sie diese mit den Zahlensymbolen.

Samstag:
- Wiederholen Sie Ihre zehn Ziele.
- Wiederholen Sie alle Aufgaben zu jedem Ziel.
- Spielen Sie »Am laufenden Band«.
- Notieren Sie am Abend Ihre Erledigungen für den nächsten Tag und verknüpfen Sie diese mit den Zahlensymbolen.

Sonntag:
- Wiederholen Sie all 70 Lernstoffkärtchen.
- Wiederholen Sie alle 20 Namenskärtchen und die zehn Fremdwortkarten.
- Notieren Sie am Abend Ihre Erledigungen für den nächsten Tag und verknüpfen Sie diese mit den Zahlensymbolen.

Nach diesem Ein-Monats-Programm dürften Sie nun wirklich gedächtnisfit für den Alltag sein. Sollten Sie wirklich alle Übungen gemacht haben und Warte-, Reise- und auch Arbeitszeiten gedächtnistechnisch sinnvoll genutzt haben, müsste Ihre Kreativität schon sehr ordentlich sein. Auch Ihre Verbilderungs- und Verknüpfungsfähigkeit dürfte sich jetzt in einem wirklich alltagstauglichen Zustand befinden. Wahrscheinlich haben Sie dies aber schon in der praktischen Anwendung selbst gemerkt. Denn wenn es besser läuft, wendet man mehr an. Wenn man mehr anwendet, läuft es besser.

Entnommen aus: Oliver Geisselhart: *Notizbuch im Kopf. So merken Sie sich alles.* München: GU Verlag 2009 (S. 152 ff.).

Schlusswort: Vom Gedächtnisbesitzer zum Gedächtnisbenutzer

Na wie sieht's aus? Sind Sie mit Ihrem Fortschritt zufrieden? Vielleicht waren Sie ja anfangs noch skeptisch? Sie dachten vielleicht: Eigentlich kann das doch gar nicht stimmen, was die einem da versprechen. Und nun haben Sie alle Übungen gemacht, oder etwa nicht? Sie haben also festgestellt, dass Ihr Gedächtnis tatsächlich wenn auch nicht perfekt, so doch zumindest sehr gut ist – wenn Sie es richtig benutzen.

Jetzt heißt es am Ball bleiben und die Technik wirklich, wie im Buch anschaulich beschrieben, in den Alltag integrieren.

Also legen Sie in der täglichen Praxis los, machen Sie die täglichen kleinen Übungen des einmonatigen Lernkalenders, und Sie sind schon bald »gedächtnistechnisch« nicht mehr aufzuhalten!

Sollten Sie einmal einen Vortrag oder ein Seminar zum Thema live erleben wollen oder wenn Sie uns als Speaker für eine Kundenveranstaltung oder eine Mitarbeiterschulung buchen möchten, so schicken wir Ihnen gerne ein unverbindliches Angebot. Selbstverständlich erhalten Sie auf Wunsch ein Konzept, das direkt auf Ihre Zielgruppe zugeschnitten ist. Nehmen Sie dazu doch einfach Kontakt per Mail (siehe hinten im Buch) zu uns auf. Es würde uns freuen, Sie einmal persönlich kennenzulernen.

Bei Ihrer praktischen Umsetzung unserer Methode als »Gedächtnisbenutzer« wünschen wir Ihnen weiterhin große Neugier, viele »unvergessliche« Erfolgserlebnisse, eine blühende Fantasie – und ganz besonders viel Spaß.

Ihr Roland und Oliver Geisselhart

Anhang

Das große Braining-Spiel

Hier finden Sie die Abbildungen zu Kapitel 11 »Gedächtnistraining – ein Kinderspiel«. Sie können sich die Seiten kopieren und die Kärtchen ausschneiden.

Entnommen aus: Roland R. Geisselhart / Marion Zerbst: *Das perfekte Gedächtnis. Hinter jeder Stirn ein Superhirn.* Zürich: Orell Füssli Verlag, 6. Aufl. 1997.

Set 1

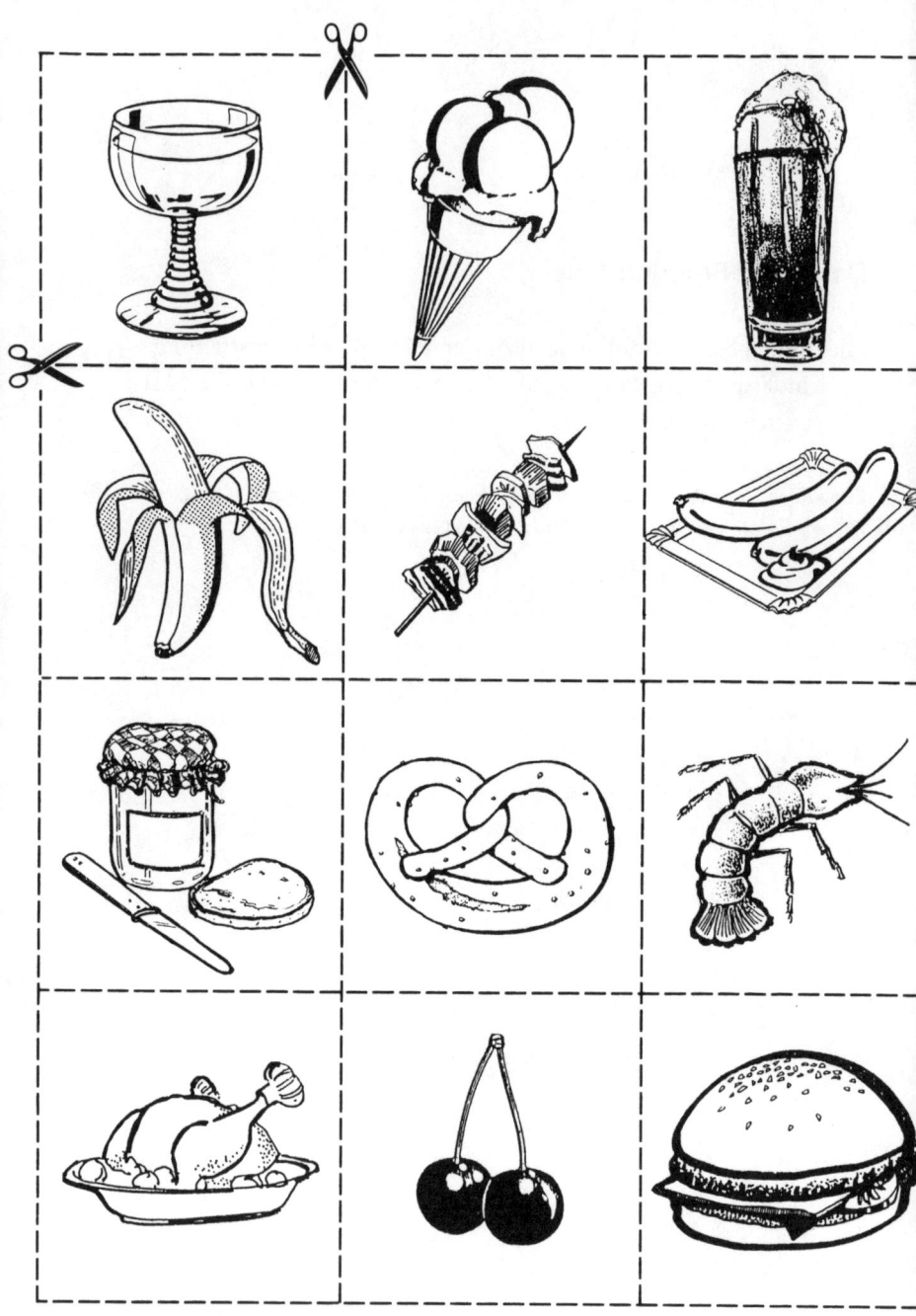

Das große Braining-Spiel
von Roland R. Geisselhart und Marion Zerbst

Set 2

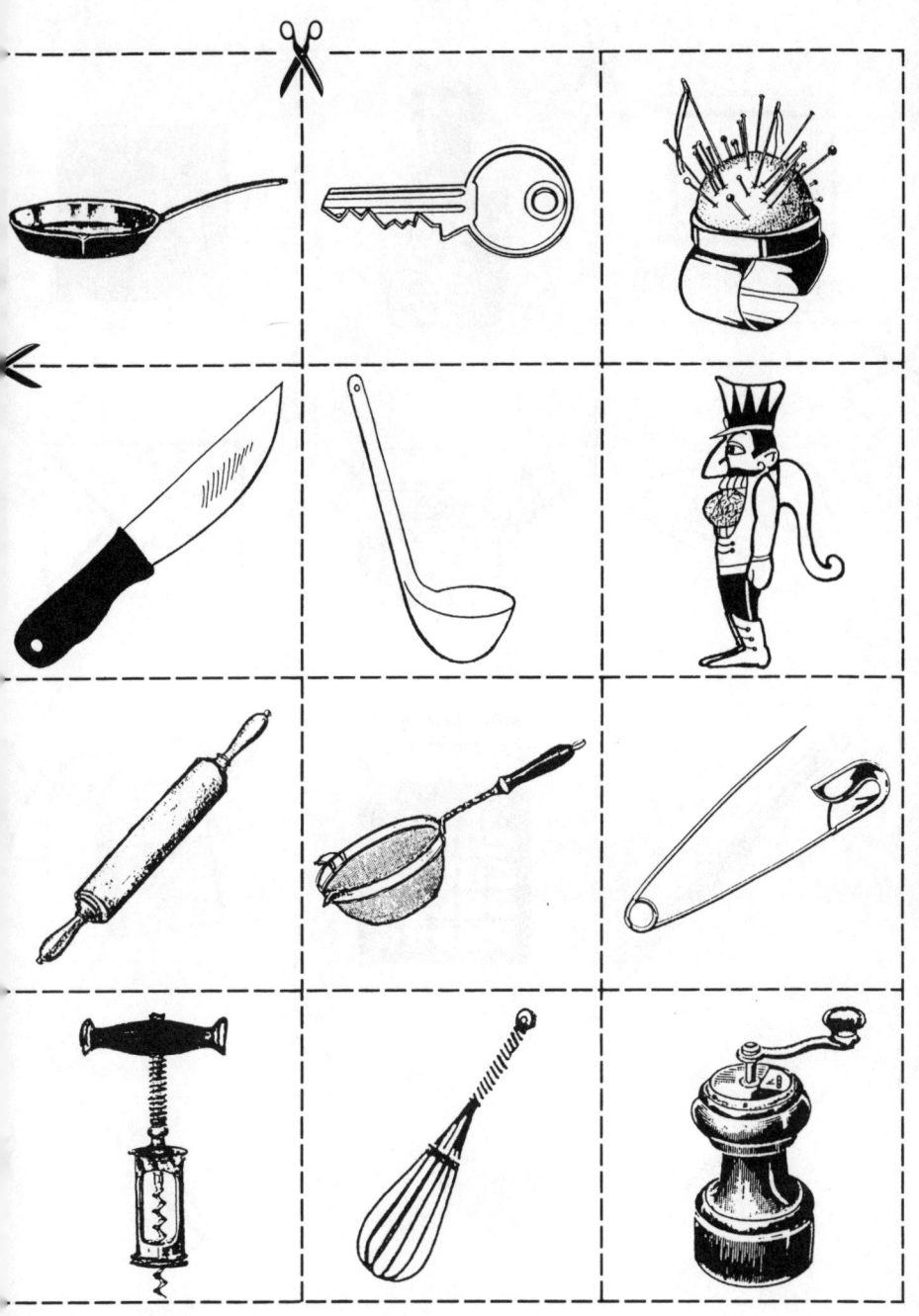

Das große Braining-Spiel
von Roland R. Geisselhart und Marion Zerbst

Set 3

Das große Braining-Spiel
von Roland R. Geisselhart und Marion Zerbst

Set 4

Das große Braining-Spiel
von Roland R. Geisselhart und Marion Zerbst

Set 5

Das große Braining-Spiel
von Roland R. Geisselhart und Marion Zerbst

Literatur

Roland R. Geisselhart / Marion Zerbst: *Das perfekte Gedächtnis. Hinter jeder Stirn ein Superhirn.* Zürich: Orell Füssli Verlag, 6. Aufl. 1997.

Roland R. Geisselhart / Oliver Geisselhart: *Power-Tool Gedächtnis. Die Techniken der Weltmeister in einfachen Übungen.* Regensburg: Walhalla, 7., aktual. Aufl. 2011.

Oliver Geisselhart / Roland R. Geisselhart / Christiane Burkart: *Gedächtnis-Power für Verkäufer.* Zürich: Orell Füssli Verlag 1999.

Roland R. Geisselhart / Cordula Kießling: *Gute Noten mit legalen Spickzetteln. So lernen Kinder schneller und besser.* Zürich: Orell Füssli Verlag 2004.

Roland R. Geisselhart / Christiane Burkart: *Spielend leicht zum Supergedächtnis.* München: dtv 2002.

Oliver Geisselhart: *Kopf oder Zettel? Ihr Gedächtnis kann wesentlich mehr als Sie denken.* Offenbach: GABAL Verlag, 5. Aufl. 2013.

Oliver Geisselhart: *Notizbuch im Kopf. So merken Sie sich alles.* München: GU Verlag 2009.

Oliver Geisselhart: *Souverän freie Reden halten. Die Power der Memo-Rhetorik.* Offenbach: GABAL Verlag 2003.

Oliver Geisselhart: *30 Minuten Power-Gedächtnis.* Offenbach: GABAL Verlag, 4., überarb. Aufl. 2011.

Oliver Geisselhart / Helmut Lange: *Schieb das Schaf. Mit Wortbildern hundert und mehr Englischvokabeln pro Stunde lernen.* München: mvg Verlag 2012.

Oliver Geisselhart / Helmut Lange: *Liebe am O(h)r. Mit Wortbildern hundert und mehr Spanischvokabeln pro Stunde lernen.* München: mvg Verlag 2012.

Oliver Geisselhart / Helmut Lange: *Lutsche das Licht. Mit Wortbildern hundert und mehr Italienischvokabeln pro Stunde lernen.* München: mvg Verlag 2012.

Roland R. Geisselhart / Marion Zerbst: *So merke ich mir Namen und Gesichter.* München: Delphin-Verlag 1993.

Die Adressen der Autoren

Roland Geisselhart, Postfach 2904, D-88048 Friedrichshafen, Tel.: (07541) 44525. E-Mail: info@geisselhart.com, Website: www.geisselhart-lernen.de

Oliver Geisselhart, Teamgeisselhart GmbH, Stolzestr. 15, D-44139 Dortmund, Tel.: (0231) 952567-92, E-Mail: info@kopferfolg.de, Website: www.teamgeisselhart.de, www.kopferfolg.de

Geniale Praxis-Umsetzungen für jeden Zweck und jede Branche: Roland Geisselhart

Egal ob im Verkauf, small talk oder im Büro-Ablauf, Roland Geisselhart setzt Gedächtnis- und Motivationstraining – mit 30 Jahren Erfahrung – leicht und flüssig in jede Branche und für jeden Zweck sofort nahtlos um. Gerade Führungskräfte, Steuerberater und Behörden schätzen seine auf den Punkt gebrachten lockeren Praxis-Umsetzungen sehr hoch ein. Weiterhin zeigt er derzeit für Sparkassen und Volksbanken vielen Schülern ab 14 Jahren, wie sie mit dem 4-Stunden-Work-Shop »Nie wieder büffeln« und den Übungen der Memo-Weltmeister umgehend wesentlich bessere Noten schreiben können.
Die Resultate sind verblüffend: »Eine 1,1 in der Französisch-Arbeit«; »Messbare Erfolge in der Physikarbeit.«; »Erwartungen weit übertroffen.« Schülerinnen der Sparkasse Pfullendorf, 2013
Mehr unter www.geisselhart-lernen.de

Ihr perfekter Redner: Oliver Geisselhart

Ob Vorstände oder Azubis, Ärzte oder Verkäufer, Unternehmer, Angestellte, Mitarbeiter oder Kunden, ob 10 oder 10 000: Oliver Geisselhart begeistert mitreißend und motivierend Ihr Publikum. Seine absolut praxisgerechte Gedächtnistechnik eignet sich tatsächlich für jedermann. Seine Auftritte zeichnen sich durch eine sehr lernfreundliche, motivierende und lockere Atmosphäre aus. Das Ziel aller Vorträge ist es zu motivieren, zu unterhalten und zu lernen. Das funktioniert immer dann am besten, wenn es auch Spaß macht. Ihr Resultat wird daher sein: begeisterte Teilnehmer, die den Spaß am Lernen und ihr (fast) perfektes Gedächtnis neu entdeckt haben. So wird Ihre Veranstaltung äußerst positiv im Gedächtnis behalten – garantiert!

Rufen Sie an: 0231-95 25 67-92
Mailen Sie: info@kopferfolg.de oder scannen Sie:
Mehr unter www.kopferfolg.de